Anike Bäslack

Sexuelle Gewalt in der Pflege

Ursachen, Auswirkungen und
Folgen sowie Möglichkeiten der
Prävention und Intervention

Diplomica Verlag GmbH

Bäslack, Anike: Sexuelle Gewalt in der Pflege: Ursachen, Auswirkungen und Folgen sowie Möglichkeiten der Prävention und Intervention. Hamburg, Diplomica Verlag GmbH 2015

Buch-ISBN: 978-3-95934-698-6
PDF-eBook-ISBN: 978-3-95934-198-1
Druck/Herstellung: Diplomica® Verlag GmbH, Hamburg, 2015

Bibliografische Information der Deutschen Nationalbibliothek:
Die Deutsche Nationalbibliothek verzeichnet diese Publikation in der Deutschen Nationalbibliografie; detaillierte bibliografische Daten sind im Internet über http://dnb.d-nb.de abrufbar.

© Diplomica Verlag GmbH
Hermannstal 119k, 22119 Hamburg
http://www.diplomica-verlag.de, Hamburg 2015
Printed in Germany

Inhaltsverzeichnis

1   Einleitung

Die Nennung des Themas der sexuellen Gewalt in der Pflege ruft bei den meisten Menschen Ungläubigkeit und Entsetzen sowie Ekel und Abscheu hervor. Fälle sexueller Gewalt in der Pflege sind unvorstellbar, unbenannt und unbekannt.

Opfer dieser speziellen Gewaltform müssen ihre Erfahrungen nicht nur selbst als solche identifizieren, sondern auch gegen Tabuisierung und Ignoranz gegenüber sexueller Geschehnisse in pflegerischen Einrichtungen im Allgemeinen ankämpfen, wenn sie sich hilfesuchend an Dritte wenden.

Dass es jedoch sexuelle Gewalt im pflegerischen Kontext gibt, deren Täterinnen und Opfer auf der Seite der Patientinnen und Bewohnerinnen zudem überwiegend ältere Menschen sind, unterliegt bisher einer gesellschaftlichen Wahrnehmungsbarriere: Zum einen bieten Krankenhäuser und Seniorinnenheime als Orte der sichtbaren Erkrankungen, z. B. durch körperliche Gebrechen, Wunden und Verbände, in gängigen Vorstellungen keinen Raum für Sexualität. Zum anderen besteht in vielen Teilen unserer Gesellschaft bis heute das Bild asexueller alter Menschen auf Grund vermeintlich verlorengegangener Attraktivität und Schönheit nach den Idealen der westlichen Kultur.

Hierbei wird die Komplexität des Themas deutlich, mit der ich mich in dieser Arbeit auseinandersetzen möchte: Im Zentrum steht die Frage, ob es Fälle sexueller und sexualisierter Gewalt gibt, die von Patientinnen und Bewohnerinnen einerseits sowie von Pflegenden andererseits erlebt und/oder ausgeübt werden. Zudem stellen sich die Fragen, in welchen Formen sie zur Ausübung kommen und in welchem Kontext sie an die Öffentlichkeit gelangen.

In dieser Arbeit sollen Fälle aufgezeigt werden, die bereits in der Literatur zu Gewalt in der Pflege, als Erfahrungsdarstellung im Internet und in Forschungsberichten anderer Konstellationen pflegerischer Gewalthandlungen beschrieben worden sind. Mir persönlich ist es nicht möglich, in der zeitlichen Kürze einer Diplomarbeit eine umfassende empirische Studie zu diesem sensiblen Thema durchzuführen; meiner Einschätzung nach benötigt eine Forschungsarbeit dieser Thematik einen großzügigeren zeitlichen Rahmen. Zum einen ist es schwierig, opfergewordene Patientinnen und Bewohnerinnen ausfindig zu machen, zum anderen ist es vorstellbar, dass viele Frauen auf Grund eines ausgeprägten Schamgefühles nicht oder erst nach Aufbau einer vertrauensvollen Beziehung über ihre Erlebnisse reden können. Auf Grund dessen bedarf dieses schwer zugängliche Forschungsfeld wahrscheinlich multimethodaler Zugänge. Dennoch soll die vorliegende theoretische Untersuchung einen dringenden Forschungsbedarf aufdecken und hinsichtlich dessen Planung eine wichtige Vorarbeit leisten.

Im Vorfeld werden elementare Begriffe definiert und in einen Zusammenhang gebracht, um ein gezieltes Verstehen zu ermöglichen. Daraufhin sollen die rechtlichen Grundlagen zur Strafbarkeit sexueller Gewalthandlungen sowie die Ursachen zur Ausübung dieser Gewaltform erläutert werden. Sexuelle Gewalthandlungen, die sowohl vom Pflegepersonal als auch von Patientinnen/Bewohnerinnen ausgehen, werden im Hauptteil anhand von Beispielen aus der Literatur dargestellt, begründet und den zuvor definierten Erscheinungsformen der Gewalt zugeordnet. Im Anschluss daran sollen die Auswirkungen und längerfristigen Folgen für die Betroffenen geschildert werden, bevor es im abschließenden Kapitel um die Möglichkeiten der Prävention und Intervention speziell für die Führungs- und Leitungspersonen im Pflegemanagement gehen wird.

In der vorliegenden Arbeit werde ich entsprechend des Sachverhaltes neben „sexueller Gewalt" auch den Begriff der „sexualisierten Gewalt" verwenden, da dieser speziell die Macht, welche die gewaltausübende Person ausdrücken möchte, impliziert.

Im Folgenden werde ich die Bezeichnung „Krankenhaus" stellvertretend für alle krankenhausähnlichen Einrichtungen wie Klinika, Hospitäler und Integrierte Versorgungszentren sowie die Benennung „Seniorinnenheim" gebündelt für Pflegeheime, Altersheime, Seniorinnenresidenzen, Altenwohngemeinschaften, Seniorinnenstifte u. a. benutzen. Zusammenfassend werde ich beide auch als „pflegerische Einrichtung" oder „Pflegeeinrichtung" bezeichnen.

Des Weiteren möchte ich alle beruflich in der Pflege tätigen Personen wie Gesundheits- und Krankenpflegerinnen, Altenpflegerinnen, Pflegehelferinnen usw. zusammenfassend mit dem mir als aktiv und direkt erscheinenden Wort der „Pflegerinnen", seltener hingegen als Pflegende oder Pflegepersonal, betiteln. In diesem Zusammenhang soll erwähnt werden, dass „Gesundheits- und Krankenpfleger/in" die seit der Novellierung des Krankenpflegegesetzes im Jahr 2004 geltende Berufsbezeichnung für die vorherige Krankenschwester bzw. den Krankenpfleger ist [Vereinte Dienstleistungsgewerkschaft 2004].

Ich gebrauche aus Gründen der besseren Lesbarkeit in dieser Arbeit ausschließlich die weibliche Schreibform, da sich die Thematik größtenteils auf Frauen, die erstens den Hauptteil in der Berufsgruppe der Pflegenden bilden und zweitens überwiegend Opfer sexueller und sexualisierter Gewalt werden, bezieht. Das andere biologische Geschlecht (Männer) ist ausdrücklich mitgemeint sowie sich auch alle weiteren sozialen Geschlechter angesprochen fühlen sollen. Die Ausschließlichkeit der gewählten Schreibform wird sich jedoch beim Zitieren und Bearbeiten eines konkreten Falles einschränken.

2   Thematische Eingrenzung

Das allgemeine Thema „Gewalt in der Pflege" verknüpft mit der Thematik „Gewalt gegen alte Menschen" ist bereits seit einigen Jahrzehnten in Ländern wie z. B. Schweden, Norwegen, Kanada, Israel und den USA erforscht sowie der Öffentlichkeit zugänglich gemacht worden. Betrachtung finden verschiedene Typologien und Erscheinungsformen der Gewalt sowie auch das Auftreten der Gewalt in den unterschiedlichsten pflegerischen und institutionellen Kontexten. [Sowarka et al. 2002]

Mittelpunkt dieser Arbeit soll die Darstellung der direkten personalen sexuellen Gewalt sein, weshalb begleitende Ereignisse wie bspw. Vernachlässigung, finanzielle Ausbeutung oder Medikamentenmissbrauch nicht benannt werden, es sei denn, sie stehen in einem unmittelbaren Zusammenhang. Des Weiteren liegt die Hauptbetrachtung der Arbeit auf den Patientinnen, Bewohnerinnen und Pflegenden eines Krankenhauses oder Seniorinnenheimes.

Gewalt, die durch Angehörige ausgeübt wird, soll auf Grund zahlreicher Publikationen zum Thema der Nahraum-, häuslichen und familiären Gewalt ausgeklammert werden; hieran schließt sich auch die Betrachtung der sexuellen Gewalt in der ambulanten- oder Hauskrankenpflege.

Keine Erwähnung finden zudem sexuelle Gewalterfahrungen aus dem Bereich der Behindertenheime sowie den psychiatrischen Stationen der Krankenhäuser, da diese ebenfalls eine eigene fortgeschrittene wissenschaftliche Betrachtung aufweisen können. Dennoch wird es Überschneidungen zum gerontopsychiatrischen Fachgebiet geben, da dementiell erkrankte Bewohnerinnen auch in Seniorinnenheimen leben. Schließlich wird darauf hingewiesen, dass Gewalterlebnisse sexualisierter Art zwischen dem pflegerischen und/oder ärztlichen Personal sowie Angehörigen nicht Gegenstand der Untersuchung in diesem Rahmen sind.

3   Stand der Forschung

Sexuelle Gewalt in der Pflege ist bisher wenig erforscht; dennoch sind bereits Fälle von sexuellen Gewalthandlungen gegen Patientinnen und Bewohnerinnen in der Literatur beschrieben und Studien über sexuelle Belästigung an Pflegenden veröffentlicht. Dem liegen hauptsächlich zwei Studienrichtungen zu Grunde, die seit etwas mehr als zwei Jahrzehnten erforscht werden: Als Erstes kam die Forschung über sexuelle Gewaltdelikte an älteren Menschen auf, deren Vertreterinnen alsbald den stationären Altenpflegeeinrichtungen eine tragende Rolle als Orte des Geschehens zuweisen konnten und in diesem Zusammenhang insbesondere kranke und hilfebedürftige alte Menschen als potenzielle Opfer identifizierten.
Als Zweites ist die seit den 1990er Jahren begonnene Erforschung der allgemeinen Gewaltthematik in pflegerischen Beziehungen zu benennen. Betrachtung finden hierbei Pflegebeziehungen, die im häuslichen Bereich mit Angehörigen oder Hauskrankenpflegerinnen sowie in pflegerischen Institutionen mit Pflegerinnen bestehen. Die Erforschung der defizitären Versorgung und Betreuung deckt Gewalthandlungen auf, unter denen auch Fälle sexueller und sexualisierter Gewalt sichtbar werden. [Görgen et al. 2005]

Eine Vorreiterrolle spielen die USA, deren Wissenschaftlerinnen mittels verschiedener Studien Gewalthandlungen an älteren Menschen sowie in pflegerischen Institutionen nachweisen. Die ersten Fälle von Gewalt an älteren Menschen kamen in den frühen bis Mitte der 1980er Jahre an die Öffentlichkeit. Daraufhin wurden Schutzprogramme entwickelt, die sich nach den Erkenntnissen und dem Muster der Kinderschutzprogramme richteten. Nach der Feststellung, dass diese der Prävention und Bewältigung sexueller Gewalt für ältere Menschen nicht gerecht werden, gründeten sich Initiativen zur Problematik der Gewalt gegen ältere Menschen und ebneten der Forschungstätigkeit den Weg. [Wyandt 2004]

Ramsey-Klawsnik führte 1991 eine Studie zu sexuellen Gewalterlebnissen älterer Frauen und Männer durch, die in der häuslichen Umgebung lebten und von Angehörigen oder Mitarbeiterinnen eines Adult Protective Services betreut wurden. Die Untersuchung ergab, dass von 28 Fällen sexueller Gewalt es bei 61% zu einer Vergewaltigung, in zehn Fällen zu wiederholten vaginalen Vergewaltigungen gekommen war. Alle Opfer waren weiblich, zwischen 65 und 101 Jahre alt und pflege-/hilfebedürftig auf Grund dementieller oder anderweitig psychischer Erkrankungen; zwei Frauen waren geistig behindert. Bis auf eine Ausnahme waren die Täter männlich, 81% waren Pflege- und Betreuungspersonen, davon 78% Familienmitglieder der Opfer. [Ramsey-Klawsnik 1991]

Auf Grundlage dieser Studie entwickelte Ramsey-Klawsnik einen speziellen Interviewleitfaden für Befragungen älterer Menschen, die mutmaßlich Opfer sexueller Gewalthandlungen geworden sind sowie eine Typologisierung der Personen, die sexuelle Gewalt an älteren pflege- und hilfebedürftigen Menschen ausüben. [NCEA 2006]

In ihrer weiteren Forschungstätigkeit untersuchte sie sexuelle Gewalthandlungen in Seniorinnenheimen, die von Bewohnerinnen an Bewohnerinnen verübt werden und kommt zu dem Ergebnis, dass es zwei Arten sexueller Gewalt in pflegerischen Einrichtungen gibt: Die erste bezieht sich auf Bewohnerinnen, die zustimmungsfähig sind, sexuelle Aktivitäten jedoch ablehnen. Die zweite erscheint bei zustimmungsunfähigen Personen durch geistige oder körperliche Erkrankungen. Die meist männlichen Täter richteten ihr sexuelles Gewaltverhalten entweder auf mehrere, meistens weibliche Opfer oder im Kontext einer Beziehung auf ihre Partnerin. [Ramsey-Klawsnik 2004]

Die Forschungsgruppe um Burgess untersuchte 20 polizeilich gemeldete Fälle sexueller Gewalthandlungen an Bewohnerinnen, die in Seniorinnenheimen lebten. Von den 18 weiblichen und zwei männlichen Opfern waren 15 Personen bettlägerig oder in hohem Maße gehbehindert, hinzu kommen zwölf Menschen mit Demenz und insgesamt hatten alle 20 Opfer weitere psychische oder neurologische Erkrankungen. In mindestens 15 Fällen konnten männliche Heimmitarbeiter, in wenigstens einem Fall eine weibliche Pflegehelferin als Tatpersonen identifiziert werden. Drei männliche Mitbewohner begingen drei der sexualisierten Gewalthandlungen. Tatorte waren in 16 Fällen die Zimmer und Betten der Opfer, auch Mehrbettzimmer stellten offensichtlich kein Hindernis für die Täterinnen dar; Tatzeiten waren in den Abend- und Morgenstunden, sowie nachts auszumachen. Neben mehrfachen vaginalen Vergewaltigungen wurde eine große Breite weiterer sexueller sowie sadistischer Handlungen angewendet. Nach theoretischer Rekonstruktion der Tathergänge kamen Burgess et al. zu dem Ergebnis, dass Pflegende häufig zumindest Ohrenzeuginnen, manchmal auch Augenzeuginnen der Sexualdelikte waren. Pflegende, gegen die bereits Verdachtsmomente vorlagen, wurden dennoch von der jeweiligen Einrichtung eingestellt. Es stellte sich heraus, dass alle Täterinnen nur geringfügig sozial kompetent waren und sie sich ausnahmslos wiederstandsunfähige Opfer auswählten. Zudem nahmen die Forscherinnen in den Gesprächen mit den Pflegenden einen Mangel an Sensibilität und Kenntnissen über Alterssexualität und somit über die Möglichkeit der Sexualopferwerdung alter Menschen wahr. [Burgess et al. 2000]

Teaster & Roberto führten eine fünfjährige Aktenuntersuchung des Adult Protection Services in Virginia durch und ermittelten 50 Fälle von Sexualdelikten an Bewohnerinnen von Seniorinnenheimen. Alle Opfer waren zwischen 70 und 89 Jahre alt und überwiegend weiblich, mehr als zwei Drittel waren dementiell erkrankt und pflege- oder hilfebedürftig. Die Täter waren ausschließlich Männer, zu 75% entstammten sie ebenfalls den pflegerischen Einrichtungen als Heimbewohner; die anderen Täter waren etwa zu gleichen Teilen Pfleger, Angehörige oder Freunde der Opfer. Auffallend an dieser Studie ist der Einbezug der leichteren Formen von sexueller Gewalt, wie z. B. sexualisierte Küsse, Berührungen, Aufforderungen, Witze und Kommentare, die den Hauptteil der Fälle ausmachen. Aber auch Vergewaltigungen wurden bekannt sowie zwei Fälle von Exhibitionismus. In mindestens 15 Fällen wurden die Opfer wiederholt viktimisiert und in wenigstens 32 Fällen gab es bekannte Tatzeuginnen. Auf Grund ihrer Erkenntnisse schlussfolgerten Teaster & Roberto, dass es eine hohe Dunkelziffer von Straftaten dieser Art geben muss. [Teaster, Roberto 2003]

In einigen europäischen Ländern wie Großbritannien, Irland, Schweden oder der Schweiz werden seit den 1990er Jahren umfangreichere Studien zur Gewalt gegen alte Menschen im institutionellen Bereich durchgeführt. Auf Aspekte sexueller Gewalt wird jedoch selten eingegangen. So geben in einer Studie in der deutschsprachigen Schweiz von 205 befragten Heimleitungs- und Pflegepersonen aus diversen Seniorinnenheimen 6% an, sexuelle Belästigungen von Pflegenden an Bewohnerinnen beobachtet zu haben. Als eigenes Verhalten benennt 1% der Befragten Entsprechendes. In einer weiteren Studie, die eine Befragung von 361 Pflegerinnen beinhaltet, geben vier Personen an, sexuelle Belästigung von Bewohnerinnen durch Pflegende gesehen zu haben; eigene Verhaltensweisen dieser Art sind nicht benannt. In Schweden wurden 499 Pflegekräfte zum Thema der Gewalt in der Pflege befragt, wovon ein Befragter äußert, einen Fall von sexueller Gewalt an einer pflegebedürftigen Person zu kennen. [Sowarka et al. 2002]

Einen wichtigen Beitrag zur Aufdeckung und Enttabuisierung der Gewalt im Alter in der BRD leistet die von Hirsch gegründete Initiative „Handeln statt Mißhandeln" – Bonner Initiative gegen Gewalt im Alter e. V. In der von ihr herausgegebenen Schriftenreihe sind Schilderungen von Angehörigen, Betroffenen, Pflegepersonen und Helferinnen zusammengestellt, die zwar subjektiver sowie nicht repräsentativer Art sind, auf Grund ihrer Vielzahl und inhaltlichen Vielfalt dennoch eine eindringliche Übersicht über (sexuelle) Gewalthandlungen in Seniorinnenheimen und Krankenhäusern in der BRD bietet. [Hirsch, Fussek 2001]
Die aktuellsten Studien zu sexueller Gewalt im Alter stammen von der Forschungsgruppe um Görgen & Nägele, die 2003 ihren ersten Bericht am Kriminologischen Forschungsinstitut Niedersachsen veröffentlichten. 2005 folgte eine weitaus umfangreichere Arbeit, deren Daten

12

zum einen aus dem Hellfeld der polizeilichen Meldungen, zum anderen aus dem Dunkelfeld der spezialisierten Institutionen der Opferhilfe eruiert wurden. Mittels Analysen von Akten und Kriminalstatistiken, Befragungen von Institutionen, Expertinneninterviews und der Auswertung von Medienberichten gelingt ihnen der Nachweis über die Existenz verschiedener Erscheinungsformen sexueller Gewalt im Alter in unterschiedlichen Lebensräumen, welche auch Krankenhäuser und Seniorinnenheime inkludieren. Sie kommen zu dem Schluss, dass die Zahl der bekannt werdenden Fälle sehr niedrig bleibt im Vergleich mit den Sexualdelikten, die nicht polizeilich gemeldet werden und damit im Dunkelfeld liegen. Dies bedeutet auch, dass es ein beträchtliches altersspezifisches Dunkelfeld sexueller und sexualisierter Gewalt gibt, dessen Annahme sich auf die Zahlen der Notruftelefone, Beratungsstellen und Opferschutzeinrichtungen stützt, bei denen Opfer und Angehörige anonym und formlos Hilfe bekommen. [Görgen, Nägele 2003; Görgen et al. 2005]

Ein selbstständiger Forschungszweig zum Thema der sexuellen Gewalt in der Pflege hat sich in der BRD jedoch noch nicht herausgebildet, was an der komplizierten Zugänglichkeit des Forschungsfeldes liegen kann. Es ist nachvollziehbar, dass es bspw. Frauen höheren Alters, die in einem pflegerischen Abhängigkeitsverhältnis leben, schwer fällt über aktuelle sexuelle Gewalterfahrungen zu reden, wenn sie bereits ältere Erlebnisse dieser Art in sich tragen.

Wie in jedem Krieg wurden und werden zahlreich Frauen von Soldaten im Rahmen der Kriegsstrategie vergewaltigt. Im Zweiten Weltkrieg schändeten sowohl deutsche Soldaten massenhaft jüdische, polnische sowie russische Mädchen und Frauen, als auch amerikanische, englische, französische und russische Soldaten ihrerseits deutsche Mädchen und Frauen vergewaltigten. Schätzungen zufolge wurden etwa 1,9 Millionen deutsche Frauen und Mädchen während des russischen Vormarsches bis Berlin und circa 800.000 Frauen durch verschiedenstämmige Soldaten allein in Berlin vergewaltigt. Nach Kriegsende bis 1948 existierten auf dem gesamtdeutschen Gebiet Bordelle für die Soldaten aller Besatzungsmächte, in denen sich eine Vielzahl der Frauen zwangsprostituierte, um Geld oder Zigaretten zum Erwerb von Lebensmittel für sich, ihre Kinder und weitere Familienmitglieder zu erhalten. [Böhmer 2000]

Gut 60 Jahre nach Kriegsende befinden sich die Menschen der so genannten Kriegsgeneration heute in einer Altersspanne zwischen 70 und 100 Jahren. Viele von ihnen, vor allem Frauen, leben auf Grund ihres hohen Alters in Seniorinnenheimen oder müssen sich zeitweilig in ein Krankenhaus begeben. Es ist also davon auszugehen, dass viele Bewohnerinnen und Patientinnen in der BRD bereits sexualisierte Gewalt in ihrem Leben erfahren und größtenteils nie darüber gesprochen haben. Warum sollten sie dies jetzt bei einer erneuten Viktimisierung tun? Denkbar ist, dass sie, wie auch nicht vormalig viktimisierte Frauen, sich kaum oder gar nicht einer fremden Interviewpartnerin zu solch einem intimen Thema öffnen können.

Ein anderer Grund für die fehlende Forschungstätigkeit auf diesem Gebiet ist in der Unbekanntheit der Thematik zu finden. Viele Menschen und insbesondere auch Angehörige der medizinisch-pflegerischen Berufsgruppe kennen weder die Problematik der sexuellen Gewalt in pflegerischen Institutionen, noch besitzen sie Kenntnisse über die Sexualität bei Krankheit und im Alter oder haben sich mit den Erlebnissen der Kriegsgeneration auseinander gesetzt. Somit sind die Pflege- und Betreuungspersonen kaum in der Lage, Patientinnen und Bewohnerinnen als Opfer sexueller und sexualisierter Gewalt zu identifizieren. Die Opfer selbst sind zumeist auf Grund ihrer Erkrankungen körperlich und/oder geistig nicht in der Lage, ihre Erlebnisse zu äußern, was eine besondere Schwierigkeit im pflegerischen Feld ist. Auch die gesellschaftliche Tabuisierung der Sexualität bei Krankheit und im Alter mit all ihren Facetten, bspw. um Attraktivität und Körperfunktionen, trägt wesentlich zur Wahrnehmungssperre des Themas bei [Görgen, Nägele 2003].

Die Initiierung eines breiten öffentlichen Interesses ist wünschenswert und speziell für die Aufdeckung der hohen Dunkelziffer der Opfer sexueller Gewalt in der Pflege überaus hilfreich. Deshalb möchte ich mit dieser Arbeit einen Beitrag zum Voranschreiten der Aufklärungsarbeit in diesem Bereich leisten und durch die auszugsweise Nutzung der bisherigen Veröffentlichungen und Studien die Arbeit der Forscherinnen würdigen.

4   Begriffsdefinitionen

Begriffe, wie zum Beispiel Gewalt und Sexualität, sind in der heutigen Alltagssprache in verschiedenen Kontexten sehr gebräuchlich. Hieraus resultiert ein breitgefächertes Populärwissen um ihre Bedeutung, das einem einheitlichen Verständnis zu dem speziellen Thema nicht zuträglich ist. Im Folgenden sollen die wesentlichen Begriffe, die der Thematik zu Grunde liegen, erläutert sowie in ihren Dimensionen und Zusammenhängen dargestellt werden.

4.1   Pflege

Etymologisch entstammt das Wort Pflege dem althochdeutschen Sprachraum des 11. Jhd. „phlega" und bedeutete „Fürsorge, Obhut und Versorgung". Eine erste Ausweitung des Begriffes auf „Vormundschaft, Umgang, Abgabe, Lebensart, Gewohnheit, Beschäftigung, Amt und Zins" erfolgte mit dem mittelhochdeutschen Wort „phlege". Zur gleichen Zeit entwickelten sich die Wörter „phlegære, phleger", die soviel wie „Beschützer, Hüter, Aufseher, Vormund, Verwalter und Oberer" bedeuteten und die Herkunft des heutigen Wortes „Pfleger" bescheinigen. [vgl. Pfeifer 1993 S. 998]

Die Tätigkeiten und Ziele im Berufsfeld der Pflege haben sich seit ihren Anfängen im frühen Mittelalter stetig mit den politischen Verhältnissen sowie den medizinischen und technischen Fortschritten gewandelt. Erste Bestrebungen nach geregelten Aufgaben in der pflegerischen Tätigkeit kamen in der Industrialisierung auf, als Größe und Modernität der Krankenhäuser sprunghaft durch die Bevölkerungszunahme in den Städten anstiegen. Internationale fortschrittliche Entwicklungen wie die Einrichtung von Krankenpflegeschulen, Gründung von Berufsverbänden und Schwesternschaften forcierten u. a. den Erlass des ersten Krankenpflegegesetzes im Jahre 1907 in Preußen. Dennoch trug dies nur wenig zur Selbstbestimmung des Pflegeberufes gegenüber der Medizin bei. [Kellnhauser et al. 2004]

Die Entwicklung der Pflegewissenschaft wurde vor allem durch Theoretikerinnen wie Peplau und Orem seit den 1950er Jahren in den USA intensiviert und durch nachfolgende Pflegeforscherinnen wie Henderson, Rogers und Leininger weiter forciert. In einigen Ländern Europas erfolgte ab 1980 die Teil-Akademisierung der Krankenpflegeausbildung, dem sich die BRD erst in den 1990er Jahren anschloss. Der erste internationale Pflegekongress fand 1997 in Nürnberg statt, auf dem es durch die Akademisierung und Professionalisierung der Pflege erstmals zur Herausbildung eigenständiger pflegerischer Aufgaben und Ziele kam, die sich auf drei Handlungsfelder, nämlich der Gesundheitspflege, der Krankenpflege und der Altenpflege, beziehen. Auf dieser Grundlage benannte der Weltbund der Krankenschwestern und

Krankenpfleger (International Council of Nursing) im Jahr 2000 vier zentrale Ziele der Pflege: Die Förderung und Wiederherstellung der Gesundheit, die Verhütung von Krankheit und die Linderung von Leiden. [vgl. Menche 2004 S. 4]

Professionelle Pflege findet heute in allen Bereichen des Gesundheitswesens statt, in denen Gesundheits- und Krankenpflegerinnen, Gesundheits- und Kinderkrankenpflegerinnen sowie Altenpflegerinnen tätig sind. Die spezifischen Pflegeaufgaben liegen in der menschlichen, würde- und respektvollen Beratung, Begleitung, Anleitung, Betreuung und Versorgung jeder einzelnen Patientin unter Einbeziehung ihrer Bezugspersonen. [Kellnhauser et al. 2004]

Grundlage für professionelles Pflegehandeln bieten diverse seit den 1960er Jahren entwickelte Pflegetheorien, die die Systematisierung von pflegerelevanten Beobachtungen, Aussagen und Zusammenhängen darstellen. Fünf Theorien seien an dieser Stelle benannt: Pflegemodelle, die auf der Bedürfnistheorie gründen, setzen sich mit der Pflegebedürftigkeit auseinander und den daraus resultierenden veränderten Bedürfnissen und Ressourcen eines erkrankten Menschen. Vertreterinnen der Bedürfnismodelle sind Roper, Henderson, Logan und Orem. Im Mittelpunkt der Interaktionstheorie nach Peplau und King steht die kommunikative Beziehung zwischen Pflegerin und Zu-Pflegende und die Notwendigkeit der erzieherischen und fördernden Komponente der Pflege, um eine bestmögliche gesundheitliche Entwicklung zu forcieren. Watson und Leininger begründen die humanistische Theorie, welche die menschliche Fürsorge mit ihren soziokulturellen Hintergründen zum Schwerpunkt hat. Modelle, die den Einbezug bestimmter erfolgbringender pflegerischer Interventionen inne haben, sind Pflegeergebnistheorien der Theoretikerinnen Johnson, Levine, Roy und Rogers. [Menche 2004]

Die Theorie des systemischen Gleichgewichts, begründet von Friedemann, ist eingebettet in die familien- und umweltbezogene Pflege. Dabei werden der Mensch, seine Familie und die Umwelt in einer Einheit gesehen, die wegen ihrer wechselseitigen Beziehungen nicht getrennt werden können. Die Struktur und Prozesse der Familie stellen eine einflussreiche Umwelt für jedes Individuum seit seiner Geburt dar, weshalb die Erkrankung einer Person Veränderungen im System einer gesamten familiären Gemeinschaft bedeutet. Die systemische Pflege setzt an dieser Situation an und richtet nach Schaffung einer kongruenten Verbindung zwischen der Pflegerin und der Zu-Pflegenden ihr Interesse auf die Fähigkeiten und Ressourcen der kranken Person. Durch die gemeinsame Erarbeitung und produktive Nutzung des außergewöhnlichen Zustandes, Einbezug der familiären Gegebenheiten sowie Information und Anleitung der Zu-Pflegenden über gesundheitsfördernde Handlungen führt der Pflegeprozess zur Verbesserung der Gesundheit und darüber hinaus der Lebensqualität. [Friedemann, Köhlen 2003]

Für die praktische Arbeit in der Pflege stellen die Pflegemodelle einen Handlungsrahmen dar, der Orientierung bei alltäglichen Aufgaben und Umgangsmöglichkeiten in speziellen Situationen bietet. Darüber hinaus setzen die Theorien unterschiedliche Schwerpunkte und können somit Anreiz geben zu kritischen und reflektierenden Überlegungen seitens des Pflegepersonals sowohl über sich selbst, ihre Kolleginnen und die Einrichtung als auch bezüglich ihrer Arbeit mit den Patientinnen und deren Angehörigen sowie über die eingesetzten pflegerischen Maßnahmen, Mittel und Therapien. Die Qualitätssicherung der professionellen Pflege soll anhand der Pflegeplanung erfolgen. Diese wird innerhalb des Pflegeprozesses bezogen auf jede Patientin zum Zwecke der individuellen Informationssammlung, Festlegung der pflegerischen Ziele und Maßnahmen sowie deren Durchführungsnachweis und Evaluation erstellt. [Menche 2004]

4.2   Aggression

Vor fast drei Jahrhunderten wurde Aggression lediglich als ein gewalttätiger Anschlag auf eine Person oder Personengruppe mit dem Ziel des Raubes oder Mordes gesehen, dessen Täterinnen der unteren Gesellschaftsschicht entstammten:

> *„Aggredi, aggrediren; hinzugehen, zu einem gehen. lt. einen anfallen, angreiffen, anfahen. Aggressor; der einen angreifft, den Angriff thut, lt. der Räuber."*
> *[Zedler 1732 S. 779]*

> *„Adressura, Adressus; ein gewaltsamer Überfall von Strassen≈Räubern oder Mördern." [Zedler 1732 S. 498]*

Im Zuge der Gewalt-, Friedens- und Konfliktforschung der vergangenen Jahrzehnte gelangten Wissenschaftlerinnen zu mehrdimensionalen Definitionen, die neben der destruktiven auch eine konstruktive Komponente sowie die Ausweitung des Begriffes auf alle Menschen als mögliche Opfer und Täterinnen beinhaltet.

4.2.1   Was bedeutet Aggression?

Die Aggression als Oberbegriff vereint das aggressive Verhalten und die aggressiven Gefühle, die jedoch nicht zwangsläufig miteinander hergehen. Aggressive Emotionen können, aber müssen nicht in aggressives Handeln übergehen, umgekehrt beruht aggressives Verhalten nicht notwendig auf vorausgegangenen Aggressionsgefühlen.

Alle Emotionen, die eine explizit negative Stimmung bezüglich anderer Personen beinhalten und dadurch auf Schädigung dieser ausgerichtet sind, gelten als aggressive Gefühle. Hierbei werden drei Ebenen benannt: Die Nicht-aggressive, der Gefühle wie z. B. Angst, Begeisterung oder Ehrgeiz zu Grunde liegen. Sie sind nicht personenbezogen und können in einigen Fällen ein konstruktives aggressives Verhalten hervorrufen wofür exemplarisch die Notwehr oder die zielstrebige Durchführung eines Projektes steht. Eine weitere Ebene ist die der Voraggression, welche ebenfalls nicht oder nur gering personenbezogen ist und durch unterschiedliche Ereignisse in aggressives Verhalten münden kann. Beispiele hierfür sind eine gereizte Stimmung, Stress oder allgemeiner Unmut. Die letzte Stufe ist die aggressive Ebene, die direkt personenbezogen ist und am ehesten in aggressive Handlungen umschlagen kann. Grundlegend können hierbei Gefühle des Ärgers, Zornes, der Rache oder Wut sein, als Befriedigung sind es Emotionen wie Schadenfreude oder sadistisches Vergnügen; in Form von Verachtung, Hass oder Feindseligkeit kann es auch eine innere Haltung widerspiegeln. Eine endgültige Zuordnung der Gefühle zu diesen Ebenen kann jedoch nicht vorgenommen werden, da sich Emotionen in ihrer Bedeutung kulturell und ethisch unterscheiden. [Nolting 2005]

Aggressive Verhaltensweisen existieren in körperlichen, verbalen, nonverbalen und relationalen Erscheinungsformen, deren entscheidende Grundlage die Intention ist. So können alle Verhaltensweisen einer Person, die auf eine Schädigung eines anderen Menschen zielen, auf Grund ihrer destruktiven Absicht als aggressives Handeln bezeichnet werden. Dabei beinhalten körperliche Aggressionsformen die Schädigung der physischen Unversehrtheit bis zur Tötung eines Menschen, die verbalen und nonverbalen Formen beabsichtigen die Verletzung der Persönlichkeit und menschlichen Würde bspw. durch Beschimpfungen, Drohungen, böse Blicke oder symbolisches Zeigen des Mittelfingers. Relationales Aggressionshandeln intendiert speziell die Beeinträchtigung sozialer Beziehungen eines Menschen, das sich in Ausgrenzung, Verleumdung oder Beschämung äußern kann. [Nolting 2005]
Zwischen den aggressiven Verhaltensweisen und aggressiven Gefühlen steht die Aggressionshemmung, die je nach Ausprägungsgrad den Übergang von einem Aggressionsgefühl in ein Aggressionsverhalten verhindern oder fördern kann. Positive Vorbilder, gesellschaftliche Normen oder ein Berufsethos können Faktoren für eine stärkere Ausbildung der Aggressionshemmung darstellen; Alkohol, Drogen oder Müdigkeit begünstigen eine Abnahme der Hemmschwelle. [Ruthemann 1993]

In Bezug auf das Thema der sexuellen Gewalt erscheint die umfassende Aggressionsdefinition des International Council of Nurses als besonders zutreffend:

„Aggression ist demütigendes, herabsetzendes und destruktives Verhalten, das einen Mangel an Respekt vor der Würde und dem Wert einer Person zeigt sowie jedes unerwünschte Verhalten sexueller Art, das dazu führt, dass sich die belästigte Person bedroht, erniedrigt oder beschämt fühlt. Dies umfasst sowohl verbale Beschimpfungen oder Bedrohungen als auch physische Angriffe gegen die Person.“ [Zeller et al. 2006 S. 252]

Beginnend bei der „einfachen" Respektlosigkeit vor einem anderen Menschen, dessen Menschenwürde hierbei verletzt wird, umschließt die Erklärung alle sexuellen und sexualisierten Gewalthandlungen, die ein Mensch als solche erleben kann. Abschließend wird verdeutlicht, dass sowohl verbale als auch nonverbale Aggressionsäußerungen und -handlungen psychische und physische Schädigungen eines Menschen hervorrufen können. Somit wird diese ausführliche Definition meines Erachtens in besonderem Maße den Komponenten der sexuellen Gewalt gerecht.

4.2.2 Welche Ursachen haben Aggressionen?

Die Bestrebungen der Wissenschaftlerinnen, Antworten auf die Frage der Ursachen für die Aggression beim Menschen zu finden, brachten Erklärungsmodelle aus verschiedenen Ansätzen hervor. Während die endogene Aggressionstheorie von einem angeborenen Aggressionsinstinkt ausgeht, gründet sich dagegen die psychoanalytische Theorie auf die These zweier antagonistisch wirkenden Triebe beim Menschen.

Die Frustrations-Aggressions-Hypothese bekundet, dass jeder Aggression eine Frustration zu Grunde liegt, die den Aktivitäten des Menschen blockierend im Wege steht. Die Beseitigung der Frustrationsquelle mittels aggressiven Verhaltens reduziert weitere Aggressionen und lässt die Fortführung der ursprünglichen Aktivität zu.

Bei den lerntheoretischen Aggressionsmodellen liegt die Begründung darin, dass aggressives Verhalten wie andere soziale Verhalten durch Lernen, bspw. am Modell, durch Erfolg, Enthemmung oder Reaktionsgeneralisierung, erworben wird. Der Abbau von Aggressionen kann nur über eine konsequente Bestrafung oder das Erlernen von nichtaggressiven Verhaltensweisen zur Bedürfnisbefriedigung erreicht werden.

Individuelle Begründungen für aggressionsförderndes Verhalten, wie z. B. Typologien, Dispositionen oder Pathologien, werden von Vertreterinnen der differenziellen Aggressionsmodelle postuliert. Sozialtheoretische Aggressionsmodelle befassen sich demgegenüber mit der sozialen und sozialisierten Aggressionsentstehung, die auf Erlebnisse der ambivalenten Situation, Sündenbockbildung, Gruppennormen oder Konformitätsdruck beruhen.

Darüber hinaus treten Aggressionen nicht nur in zwischenmenschlichen Beziehungen auf, sondern können ebenso auf die Schädigung ganzer Menschengruppen, der Natur, von Gegenständen, Institutionen, Staatssystemen oder der eigenen Person zielen. [Brockhaus 2006a; Nolting 2005]

4.3 Gewalt

Gewalt ist ein Begriff, dem sich in den vergangenen 60 Jahren viele Wissenschaftlerinnen von unterschiedlichen theoretischen Ansätzen her und unter Einbezug diverser Aspekte genähert und ihn entsprechend definiert haben. Als Ergebnis existiert heute nicht nur eine Vielzahl an Begriffsbestimmungen, sondern es hat sich ein Komplex von Wortbildungen gebildet, der Gewalt eher als ein Phänomen, als einen eigenständigen Begriff erscheinen lässt. [Bonacker, Imbusch 2006]

4.3.1 Was ist Gewalt?

Während die Erläuterung des Gewaltbegriffes einschließlich seiner Komposita im Lexikon von 1735 bereits eine Seite umfasste, findet sich im aktuellen Brockhaus eine spezielle Abhandlung zum Thema Gewalt über acht Seiten. Dies verdeutlicht, dass die Überlegungen und Diskussionen zu dieser Thematik, damals und heute, einen hohen Stellenwert in unserer Gesellschaft einnehmen.

> *„Gewalt, heist das Vermögen etwas auszurichten, entweder mit Fug und Recht, und alsdenn ist es eine rechtmäßige Gewalt, lt.* potestas; *aber ohne Recht und aus Muthwillen, da ist es eine strafbare Gewaltsamkeit Lt. vis, violentias; und da ist man befugt, Gewalt mit Gewalt, wie man kann, zu vertreiben." [Zedler 1735 S. 1378]*

Bereits im 18. Jhd. wird eine Unterteilung in eine rechtmäßige sowie unrechtmäßige Gewalt vorgenommen. Unterstrichen werden die Erläuterungen durch die lateinischen Wörter, die den inhaltlich trennenden, jedoch nicht semantischen Ursprung des Wortes herausheben. Gegen wen oder was und mit welchem Ziel das Auszurichtende geschehen kann, bleibt im Unklaren. Die angeschlossene Definition der Gewalttätigkeit gibt hierüber Aufschluss:

„Gewaltthätigkeit, Lat. Vis, ist dasjenige Verbrechen, wenn einer dem andern

so wohl heimlich als öffentlicher Weise mit todt≈oder anderm schädlichen

Gewehr überfället, und ihn dadurch wieder die Billigkeit in der Ruhe und

Friede beleidiget. Sie wird eingetheilet in die öffentliche und heimliche Ge-

walt, (...).“ [Zedler 1735 S. 1378]

Gewalt kann demnach von jeder Person an einer anderen Person vorgenommen werden und gilt dann als Gewalt, wenn die andere Person in ihren Grundbedürfnissen nach persönlicher Ruhe und Frieden gestört wird. Bemerkenswert ist, dass mit dieser Definition frühzeitig eine Einteilung in die öffentliche und heimliche Gewalt vorgenommen wird, die, neben der Einteilung in rechtmäßige und unrechtmäßige Gewalt, der direkten und indirekten Gewalt des heutigen Kenntnisstandes nahe kommt.

„Gewalt (...), die Anwendung von phys. und psych. Zwang gegenüber Men-

schen (...) umfasst 1) die rohe, gegen Sitte und Recht verstoßende Einwirkung

auf Personen (lat. violentia), 2) das Durchsetzungsvermögen in Macht- und

Herrschaftsbeziehungen (lat. potestas).“ [Brockhaus 2006b S. 676]

Die moderne Definition beinhaltet ebenso die Trennung der Gewalt in zwei Bedeutungsrichtungen auf Grund ihres lateinischen Ursprunges. Zum einen wird von Gewalt gesprochen, wenn es sich bspw. um eine Staats-, Institutions- oder Naturgewalt handelt, deren Tätigkeiten eine ordnende und regelnde Funktion zu Gunsten der sie verwaltenden Bürgerinnen oder Klientinnen inne hat. Sie stellt auf Grund ihrer eigentlichen Konstruktivität für ein gesellschaftliches Zusammenleben oder ausgeglichenes Klima eine rechtmäßige Gewalt dar. Zum anderen wird im Deutschen die beabsichtigte Schädigung einer anderen Person, eines Gegenstandes oder der Natur ebenso als Gewalt bezeichnet und als unrechtmäßig beurteilt. Des Weiteren ist obiger Erklärung eine Differenzierung des Anwendungsbereiches, nämlich des physischen und psychischen Zwanges, hinzugefügt. Letzterer findet erst seit einigen Jahren in diesem Zusammenhang Anerkennung. [Brockhaus 2006b]

Zusätzlich wird eine Einteilung in direkte und indirekte Gewalt unternommen, wobei erstere durch ihre Sichtbarkeit charakterisiert ist, da sie auf einer personalisierten Ausführung der Gewalthandlung beruht. Die indirekte Gewalt erzeugt ihre Wirkung aus institutionellen, strukturellen oder kulturellen Gegebenheiten, deren Ausübung mittels Dritter erfolgt und somit wesentlich schwieriger zu identifizieren ist. [Galtung 1993]

4.3.2 Was bedeutet Gewalt für den einzelnen Menschen?

Eine schlüssige Definition, die sich, wie bereits 1735, auf die Grundbedürfnisse des Menschen stützt, stammt von Galtung, der Gewalt folgendermaßen versteht:

> *„(...) als vermeidbare Beeinträchtigung grundlegender menschlicher Bedürfnisse oder, (...), des Lebens, die den realen Grad der Bedürfnisbefriedigung unter das herabsetzt, was potentiell möglich ist. Die Androhung von Gewalt ist ebenfalls Gewalt."* *[Galtung 1993 S. 106]*

Zu den grundlegenden menschlichen Bedürfnissen zählt Galtung Überlebens-, Wohlbefindlichkeits-, Identitäts- und Freiheitsbedürfnisse, deren Beachtung eine wichtige Rolle in der institutionellen Pflege spielt und somit den Ausgangspunkt für eine adäquate Gewaltdefinition für die pflegerische Beziehung darstellt. Gerade weil die Definition sehr weit gefasst ist, schafft sie es, ein breites Spektrum aller erdenklichen Erscheinungsformen von Gewalt zu inkludieren, wodurch auch routinisierte[*] und bagatellisierte Verhaltensweisen als Gewalthandlung identifiziert werden können.

Ruthemann legt ihrer Gewaltdefinition ebenfalls die menschlichen Bedürfnisse zu Grunde:

> *„Es wird immer dann von Gewalt gesprochen, wenn eine Person zum «Opfer» wird, d. h. vorübergehend oder dauernd daran gehindert wird, ihrem Wunsch oder ihren Bedürfnissen entsprechend zu leben."* *[Ruthemann 1993 S. 14]*

Gewalthandlungen finden demnach immer dann statt, wenn die Bedürfnisse eines Menschen über einen gewissen Zeitraum nicht beachtet oder nicht erkannt werden. Kritikwürdig ist an dieser Stelle das Erkennen der Bedürfnisse, da jeder erwachsene Mensch grundsätzlich in der Selbstverantwortung steht, seine Bedürfnisse gegenüber anderen anzuzeigen. Allerdings kann die Pflegebedürftigkeit eines Menschen auch mit einer Einschränkung der Eigenverantwortung einhergehen, weshalb es im Bereich der professionellen Pflege tatsächlich Aufgabe ist, die Bedürfnisse anderer Personen zu erkennen.

Eine Brücke zur Aggression schlägt Rauchfleisch in seiner Gewaltdefinition:

> *„Als „Gewalt" bezeichnen wir eine spezifische Form der Aggression, welche die Schädigung eines Objektes oder einer Person zum Ziel hat. Die Aggression*

---

[*] Der Begriff „routinisiert" soll in dieser Arbeit Handlungsweisen beschreiben, die über die geschulten, fachkompetenten Pflegehandlungen hinausgehen. Gemeint sind Handlungen, die auf Grund von Gewöhnung und fehlender Reflektion ohne Sensibilität und Einfühlungsvermögen durchgeführt werden.

ist eine (...) Kraft, die sich in konstruktiver wie in destruktiver Weise entwickeln kann." [Rauchfleisch 1992 S. 36]

Damit weist er daraufhin, dass Gewalt und Aggression in einem Zusammenhang stehen können, aber nicht müssen, da nur eine spezielle Form der Aggression in gewalttätiges Handeln umschlägt. Eine explizite definitorische Abgrenzung beider Begriffe voneinander erscheint wegen ihrer großen Nähe schwierig.

Dennoch formuliert Ruthemann einen Merksatz, der den Unterschied zwischen Gewalt und Aggression darstellt und somit eine genauere Kennzeichnung von Gewalthandlungen ermöglicht:

„Merke: Gewalt wird von der Wirkung her definiert, Aggression von der Absicht!" [Ruthemann 1993 S. 17]

Damit arbeitet sie kurz und prägnant den Unterschied zwischen beiden Ereignissen heraus: Eine Handlung gilt als gewalttätig, wenn das Opfer sie schädigend erlebt und/oder Schädigungen erkenntlich sind; Aggressionen hingegen beruhen auf der Intention der Schädigung von vorneherein.

4.4 Macht

Das Wort Macht hat einen althochdeutschen Ursprung im 8. Jhd. als „maht" und bedeutete soviel wie „Vermögen, Körperkraft, Anstrengung, Gewalt, Vollmacht, Menge und Fülle" sowie „männliche Genitalien"; zudem bildete sich im 9./10. Jhd. ein Abstraktum heraus, das zu den Verbformen des „mögens" zählte. Das Verb mögen bedeutete seit seiner Entstehung u. a. „kräftig, mächtig, imstande sein" und in späteren Zeiten „Gewalt haben über, Kraft haben sowie im Besitze sein". [vgl. Pfeifer 1993 S. 821]

Im heutigen Sprachgebrauch erscheint Macht ebenso vielfältig und allgemein verständlich wie das Wort Gewalt. Eine differenzierte Erklärung ist vonnöten, da es eine Reihe von Komposita zu Macht gibt und Definitionen aus unterschiedlichen Fachrichtungen vorgenommen wurden.

„Im allgemeinsten Verständnis bezeichnet Macht die Summe aller Kräfte und Mittel, die einem Akteur (...) gegenüber einem anderen Akteur zur Durchsetzung seiner Absicht zur Verfügung stehen." [Brockhaus 2006c S. 363]

Der benannte Akteur stellt hierbei nicht zwangsläufig eine einzelne Person dar, sondern kann auch eine Personengruppe, ein Staat, eine Institution, ein Sachverhalt, eine übersinnliche Kraft oder die Natur sein. Wichtig ist, dass beide Seiten in einer realen oder imaginären Beziehung stehen, beruhend auf gleichen oder gegensätzlichen Interessen, die die eine Seite zur Willensdurchsetzung und die andere zum Widerstand befähigen kann. [Brockhaus 2006c] Einer vertiefenden Erläuterung zufolge basiert Macht auf einer Ressourcenallokation, d. h., dass die machtausübende Seite über Hilfsmittel natürlicher Art, wie z. B. Charme, Esprit, Charisma, Kenntnisse, Fähigkeiten, Fertigkeiten, verfügt, sie sich intentional verschafft oder sie ihr zugewiesen werden. Daran schließt sich eine erforderliche Kapazität an, die ihr den adäquaten Umgang mit den Ressourcen ermöglicht. Das Zusammenspiel von Ressourcenallokation und Kapazität deckt den strategischen Hintergrund einer Machtausübung auf und dessen Nutzung gegen die Trägheit von Sachen oder den Widerstand von Menschen. Demnach ist Macht in fast allen Lebensbereichen sowohl im Kleinen, z. B. in einer Partnerinnenschaft, als auch im Großen, bspw. in staatlichen Supermächten, existent. [Boudon, Bourricaud 1992]

Zur Beschreibung der Macht in sozialwissenschaftlichen Zusammenhängen findet folgende Definition des Soziologen Max Weber häufig Anwendung:

> *„Macht bedeutet jede Chance, innerhalb einer sozialen Beziehung den eigenen Willen auch gegen Widerstreben durchzusetzen, gleichviel worauf diese Chance beruht." [Weber 2005 S. 38]*

Weber benennt zudem eine soziologische Formlosigkeit der Machtdefinition, da grundsätzlich jeder Mensch in jeder Situation die Fähigkeit besitzt, seinen Willen durchzusetzen [Weber 2005]. Das Gelingen ist jedoch abhängig von Fähigkeiten, Kenntnissen und Einsatz von Hilfsmitteln sowie insbesondere die Beziehung, in der die Agierenden zueinander stehen. Dies bedeutet, dass eine machtausübende Person die Machterhaltende zu einer Tätigkeit bewegen kann, die sie von allein nicht tun würde. Wesentlichen Einfluss hat dabei das Verhalten letzterer Person, das auf Grund natürlicher, materieller oder von Ersterer künstlich hervorgerufener Art in Abhängigkeit zum Verhalten der machtausübenden Person steht. Eine fortdauernde Machtbeziehung steigert die Kapazitäten der machtausübenden Person und sichert ihr, auch unter Auswahl der Ressourcen, die Fügsamkeit der machterhaltenden Person. [Boudon, Bourricaud 1992]

Eine konstruktive Machtausübung bedeutet das Fällen von Entscheidungen einer Person oder Personengruppe, deren Auswirkungen für andere Menschen, die Natur oder politische Gegebenheiten positive Folgen hervorbringen. [Imbusch 1998]

Der Zusammenhang zwischen Macht und Gewalt wird im interpersonellen Verhalten auf zwei Ebenen deutlich: Auf der einen Seite zeigen Menschen, die auf Grund ihrer Ressourcen und Kapazitäten eine Machtposition inne haben, eher ein enthemmtes Aggressionsverhalten, das von den sie umgebenden sozialen Kontakten legitimiert ist. Daraus können positive, aber auch negative Aspekte resultieren, die sich in aggressivem Verhalten und gewalttätigen Übergriffen äußern. In diesem Zusammenspiel werden Personen mit minderer Macht häufig Opfer dieser Aggressionen und Gewalttaten.

Auf der anderen Seite belegen diverse Studien eine seltener vorkommende Beziehung von Macht und Gewalt. Es wurde herausgefunden, dass Personen, die wenig Macht haben und sich selbst als machtlos wahrnehmen, ebenfalls zu Gewalthandlungen neigen, um durch den Vorgang selbst sowie die Schädigung einer anderen Person ihren eigenen Wert herzustellen oder wieder hervorzubringen. Gewalttätigkeiten können demnach sowohl aus der Position der Macht als auch der Ohnmacht eines Menschen erfolgen. [Becker-Beck 2005]

4.5 Sexualität und Dissexualität

Das lateinische Wort „sexus", welches die Unterscheidung des weiblichen und männlichen Geschlechtes meint, bildet den Ursprung für den um 1800 entstandenen Fachausdruck „Sexualität". Diese Neubestimmung war auf Grund gesellschaftlicher Normenveränderungen erforderlich geworden und weitete sich alsbald von der reinen Fortpflanzungswissenschaft auf die Aspekte der Geschlechtslust, Wollust und die Triebe aus. Unter dem Einfluss der Kirche konzentrierte sich die junge Sexualwissenschaft gegen Ende des 19. Jhd. hauptsächlich auf die als abweichend und ungewöhnlich aufgefassten Erscheinungen wie Homosexualität oder Prostitution, dessen Liberalisierung durch die „sexuelle Revolution" in den 1960er Jahren erfolgte. Die ausgelösten öffentlichen gesellschaftlichen Diskussionen über Sexualität brachten, neben weiteren Veränderungen, einerseits eine Debatte über Macht und andererseits die Etablierung des Wortes „Sex" hervor. Während die Studentinnen die Unterdrückung jeglicher Sexualität in der bürgerlichen Gesellschaft als ein Mittel zur Wahrung deren Macht ansahen, befand Foucault die ständige Thematisierung des Sexes bereits als einen Mechanismus der Macht. [Brockhaus 1998]

Die Übernahme des gleichbedeutenden Wortes Sex aus dem amerikanisch-englischen Sprachraum fand im Deutschen Eingang, um „das Nurgeschlechtliche, die geschlechtliche Anziehungskraft, erotische Ausstrahlung, Betätigung, Potenz, Anziehungskraft, den Charme und Reiz" auszudrücken. [vgl. Pfeifer 1993 S. 1286]

Eine konkrete Definition des Begriffes Sexualität existiert bis heute nicht. Geschlechtliche Handlungen sind so alt wie die Menschheit, die Sexualität jedoch ist nach wie vor von Tabus und Geheimnissen umgeben sowie wegen ihrer großen Intimität nur schwer der Forschung zugänglich. Verschiedene wissenschaftlich tätige Personen haben sich in den vergangenen zwei Jahrhunderten um eine Definition bemüht, ohne dass sich bisher eine Auslegung durchsetzen konnte. [Lautmann 2002]

Lautmann beschreibt in seiner sehr ausführlichen Abhandlung über die Soziologie der Sexualität Folgendes:

> „Sexualität ist eine kommunikative Beziehung, bei der Akteure Gefühle erleben, die eine genitale Lust zum Zentrum haben, ohne sich darauf zu beschränken." [Lautmann 2002 S. 24]

Besonders gelungen scheint hierbei die Erkenntnis, dass es sich um eine kommunikative Beziehung handelt. Als wesentliche Basis zwischenmenschlicher Relationen stellt die Kommunikation das soziale Geschehen der Sexualität dar.

Dieser Auffassung folgt Beier in seinen Definitionen zu Sexualität und der daraus abgeleiteten Dissexualität. Die menschliche Sexualität weist drei unterschiedliche Ebenen auf: Die reproduktive, die beziehungsorientierte sowie die Lustdimension. Sie haben verschiedene Funktionen inne und stehen grundsätzlich in Abhängigkeit zueinander. Die Sexualität ist ein Erlebnisbereich, in dem ein Mensch mit einem anderen Menschen am intensivsten in Beziehung tritt und wird auf dieser Basis der Partnerinnenbezogenheit als ein soziales Geschehen angesehen. [Beier 2002]

Sexuelles Fehlverhalten bringt grundsätzlich eine gestörte soziale Dimension mit sich und wird von Beier mit dem Begriff der Dissexualität benannt. Es beinhaltet:

> „(...) ein sich im Sexuellen ausdrückendes Sozialversagen, welches (...) verstanden wird als Verfehlen der (...) durchschnittlich erwartbaren Partnerinteressen." [Beier 1995 S. 6]

Dissexualität inkludiert alle Handlungen des sexuellen Übergriffes unabhängig von der Dauer des Versagens, bei dem die körperliche Integrität und Identität eines anderen Menschens verletzt wird oder, darüber hinaus, keine Zustimmung vom Opfer erwartet werden kann. Die Strafbarkeit dieser Handlungen spielt in der Definition eine untergeordnete Rolle, da Handlungen dissexuell, aber nicht strafbar im juristischen Sinne sein können [Beier 1995].

> *„Mit dem Begriff der Dissexualität ist ein soziales Handeln gemeint, bei dem die auf einen anderen Menschen zielenden sexuellen Interessen des Handelnden (Täter) den anderen direkt betreffen und dadurch zum Opfer machen."*
> *[Beier 1995 S. 7]*

Dies verdeutlicht, dass es sich bei dissexuellen Handlungen immer auch um eine Machtausübung handelt, da die Täterin über Ressourcen und Kapazitäten verfügt, um eine andere Person zu etwas zu zwingen und diese zum Opfer zu degradieren. Bereits verbale oder nonverbale Anzüglichkeiten können Gefühle der Entmündigung oder Abwertung hervorrufen, die mit einer Opferwerdung einhergehen.

5   Juristische Grundlagen

Sexuelle Gewalt stellt einen eigenständigen Straftatbestand dar, der in der BRD im Strafge-setzbuch geregelt ist. Einbezogen wird dabei auch die besondere Situation von Menschen, die sich in einem Abhängigkeitsverhältnis befinden oder einer Hilfebedürftigkeit unterliegen, was der Situation der Patientinnen und Bewohnerinnen von pflegerischen Einrichtungen ent-spricht.

Zuvor soll jedoch auf die grundsätzlichen Rechte eines jeden Menschen, die in jeder Lebens-situation zu achten sind, eingegangen werden.

5.1   Menschenwürde und Menschenrechte

Die menschliche Würde ist ein einmaliger und unersetzbarer Wert des Mensch-Seins, der von Herkunft, sozialer Rolle, körperlicher und geistiger Leistungsfähigkeit unabhängig ist. Men-schenwürde bedeutet Gleichheit und Universalität aller Menschen und fungiert als Grundlage für die Menschenrechte. Sie zu achten und vor Demütigung, Erniedrigung, Folter und anderen negativen Ausprägungen, die dem kulturellen Wandel einzelner Gesellschaften unterliegen, zu schützen, ist Aufgabe der menschlichen Gemeinschaft. Dies ist sowohl in der Menschen-rechtserklärung der Vereinten Nationen als auch in der Charta der Grundrechte der Europäi-schen Union jeweils als Artikel 1 verankert. [Trommer 2005]

In der BRD bestehen zur Wahrung der menschlichen Würde und zum Schutz der Rechte auf ein selbstbestimmtes Leben verschiedene gesetzliche Regelungen. Oberste Priorität hat dabei das Grundgesetz, das durch die Festlegung der Grundrechte für alle Staatsbürgerinnen keine Abweichungen, Aushöhlungen oder Änderungen zulässt.

Im Artikel 1 Absatz 1 heißt es:

> *„Die Würde des Menschen ist unantastbar."* und weiter in Absatz 2: *„Das deutsche Volk bekennt sich darum zu unverletzlichen und unveräußerlichen Menschenrechten als Grundlage jeder menschlichen Gemeinschaft (...)." [BpB 2001 S. 13]*

Dies gilt für die gesamte Staatsgewalt und alle Privatpersonen, unabhängig ihrer geistigen oder körperlichen Gesundheit und kann nur durch freiwillige Zustimmung eingeschränkt wer-den. Absatz 2 regelt das zwischenmenschliche Verhalten, das Grundlage der friedlichen und gerechten menschlichen Gesellschaft nach Tradition der westlichen Demokratie ist. Artikel 2 Absatz 2 besagt:

„Jeder hat das Recht auf (...) körperliche Unversehrtheit. (...)" [BpB 2001 S. 13]

Dieser Artikelauszug verdeutlicht, dass alle Einwirkungen, die die biologisch-körperliche Gesundheit und das daraus resultierende psychische Wohlbefinden eines Menschen beeinträchtigen, in der Gemeinschaft nicht statthaft sind. Kritisch anzumerken ist, dass der Schutz der körperlichen Integrität einen hohen Stellenwert einnimmt, während die seelische Unversehrtheit als eigenständig zu schützendes Rechtsgut erst in untergeordneten Gesetzen Beachtung findet.

5.2   Strafrechtliche Grundlagen

Die Gesetze des Strafgesetzbuches bilden, neben weiteren Tatbeständen, eine Basis zur Erkennung und Ahndung von Rechtswidrigkeiten gegenüber pflegebedürftigen Menschen.

„Wer eine (...) wegen Gebrechlichkeit oder Krankheit wehrlose Person, die (...) ihm im Rahmen eines Dienst- oder Arbeitsverhältnisses untergeordnet ist, quält oder roh misshandelt, wird (...) bestraft." [Tröndle, Fischer 2006 S. 1407 §225 Abs. 1 Satz 1 StGB]

Dieser Paragraph dient insbesondere dem Individualschutz von auf Fürsorge angewiesenen Personen in Abhängigkeitsverhältnissen, die einer Schädigung wehrlos ausgeliefert sind. Unter Quälen wird ein länger anhaltender oder sich wiederholender Vorgang verstanden, der Schmerzen oder Leiden körperlicher oder seelischer Art hervorruft, auch im Sinne des Versäumnisses einer Linderung dieser durch Nicht-Hinzuziehen einer Ärztin. Rohes Misshandeln stellt, neben den schwerwiegenden Arten der körperlichen Misshandlung unabhängig von daraus resultierenden Schmerzen, vor allem den Machtfaktor der ausübenden Person dar, dessen Gefühllosigkeit gegenüber anderen Menschen durch den Begriff „roh" als innere Haltung beschrieben wird. [Tröndle, Fischer 2006]
Positiv hervorzuheben ist der Einbezug des seelischen Quälens sowie des Versäumnisses, da die unter Umständen sehr intensive, intime und langwierige interpersonelle Beziehung in der Pflege diesen Aspekten eine besondere Grundlage bieten kann.

Der dreizehnte Abschnitt des Strafgesetzbuches beschäftigt sich mit den „Straftaten gegen die sexuelle Selbstbestimmung", dessen letzte Änderung durch das Sexualdeliktänderungsgesetz (SexualdelÄndG) vom 27.12.2003 erfolgte. In §174a ist das Recht bei sexuellem Missbrauch von Kranken und Hilfebedürftigen in Einrichtungen geregelt:

> *„Ebenso wird bestraft, wer eine Person, die in einer Einrichtung für kranke oder hilfebedürftige Menschen aufgenommen und ihm zur Beaufsichtigung oder Betreuung anvertraut ist, dadurch missbraucht, dass er unter Ausnutzung der Krankheit oder Hilfebedürftigkeit dieser Person sexuelle Handlungen an ihr vornimmt oder an sich von ihr vornehmen läßt."* [Tröndle, Fischer 2006 S. 1049 §174a Abs. 2 StGB]

Als Einrichtung in diesem Sinne sind alle Betriebsgesamtheiten gemeint, deren Zweck die Dienst- oder Hilfeleistung sowie Betreuung und Beaufsichtigung für kranke und/oder hilfebedürftige Personen ist. Darunter fallen u. a. allgemeine und spezielle Krankenhäuser, Alten- und Pflegeheime sowie teilstationäre oder tagesklinische Einrichtungen unabhängig ihrer Trägerschaft. Krankheit und Hilfebedürftigkeit sind sich überschneidende Begriffe, die tatsächlich attestiert sein müssen; die Annahme einer Erkrankung resultierend aus Hilfebedürftigkeit zählt ebenso als ausnutzbare Situation.

Ist der Täterin die Situation der kranken und hilfebedürftigen Person bekannt und bedient sie sich dieser zur Verwirklichung ihrer sexuellen Ziele handelt es sich um eine Ausnutzung im genannten Sinne. [Tröndle, Fischer 2006]

Deutlich wird hier ebenfalls der Machtaspekt, der zum einen durch das Abhängigkeitsverhältnis auf Grund der Struktur einer Einrichtung legitimiert ist und zum anderen für die Täterin durch die unkomplizierte Ressourcenallokation realisierbar ist. Der Begriff des Missbrauchs, der wegen seiner Implikation, dass zugleich ein sexueller Gebrauch existiert, von einigen Theoretikerinnen zurückgewiesen wird, umfasst im Gesetz alle Handlungen, die der Betreuungsaufgabe zuwider laufen. In pflegerischen Einrichtungen könnten die zentralen Aufgaben und Ziele der Pflege diesbezüglich eine Richtlinie darstellen.

Zum Schutz der pflege- und hilfebedürftigen Menschen gegen sexuellen Missbrauch kann auch folgender Paragraph herangezogen werden:

> *„Wer eine andere Person, die 1. wegen einer (...) tiefgreifenden Bewusstseinsstörung oder 2. körperlich zum Widerstand unfähig ist, (...) unter Ausnutzung der Widerstandsunfähigkeit sexuelle Handlungen an ihr vornimmt oder an*

sich von ihr vornehmen lässt, wird (...) bestraft." *[Tröndle, Fischer 2006 S.*
1116 §179 Abs. 1 StGB]

Der Fokus ist hierbei auf die Ausnutzung der Widerstandsunfähigkeit gerichtet, die eine Unfähigkeit zur Bildung, Äußerung oder Durchsetzung des Widerstandswillens gegen die ersinnte sexuelle Handlung der Täterin beinhaltet. Der Widerstandswille hat in der juristischen Bewertung Vorrang vor der körperlichen Fähigkeit zum Widerstand.

Eine tiefgreifende Bewusstseinsstörung ist die Steuerungsunfähigkeit der Selbstbestimmung und inkludiert Zustände wie Bewusstlosigkeit, Ohnmacht, Schlaf, Medikamentenrausch, Schock, Erschöpfung, Apathie u. a., von denen insbesondere Patientinnen und Bewohnerinnen in Einrichtungen betroffen sein können. Gleiches gilt für die körperliche Widerstandsunfähigkeit alter und kranker Menschen, bspw. auf Grund von Operationen, Pflegebedürftigkeit oder Krankheit, unabhängig des Bewusstseinszustandes. [Tröndle, Fischer 2006]

Diese Faktoren tragen zum Machterhalt oder zur -erweiterung der Täterin bei und begründen damit die Intention der Erniedrigung des Opfers und die Selbstaufwertung der gewaltausübenden Person.

Straftaten gegen die sexuelle Selbstbestimmung, die alle Menschen betreffen können, werden im §177 unter Sexuelle Nötigung und Vergewaltigung zusammengefasst:

„Wer eine andere Person 1. mit Gewalt, 2. durch Drohung mit gegenwärtiger
Gefahr für Leib oder Leben oder 3. unter Ausnutzung einer Lage, in der das
Opfer der Einwirkung des Täters schutzlos ausgeliefert ist, nötigt, sexuelle
Handlungen des Täters oder einem Dritten an sich zu dulden oder (...) vor-
zunehmen, wird (...) bestraft." *[Tröndle, Fischer 2006 S. 1080 §177 Abs. 1*
StGB]

Hierbei ist neben der Drohung und Gewalt zusätzlich das Tatmittel der schutzlosen Lage hinzugefügt. Es soll Fälle umfassen, in denen das Opfer aus Angst und Schrecken unfähig ist, sich zu wehren und somit die sexuelle Handlung ohne Gegenwehr geschehen lässt. Positiv zu bewerten ist zudem, dass unter diesem Aspekt der Schutzlosigkeit auch sogenannte „Überraschende Handlungen" angerechnet werden, die bis vor kurzer Zeit als straflos angesehen wurden. Darunter sind Spontanvorgänge, wie z. B. das Anfassen von Brüsten, der Schlag auf das Gesäß oder der Griff in den Schritt zu verstehen, die jedoch juristisch schwer abgrenzbar vom Handeln gegen den Willen oder Handeln ohne Zustimmung sind. [Tröndle, Fischer 2006]

Kritikwürdig bleibt die Nichtberücksichtigung der verbalen sexuellen Belästigung im gesamten Strafrecht. Dies ist lediglich im Beschäftigungsschutzgesetz definiert und bezieht sich größtenteils auf zwischen dem Personal ausgeübtes Verhalten. [Gräske 2005]

Wünschenswert wäre eine Einbindung in das Strafgesetzbuch, da jede verbale Anzüglichkeit ein grenzüberschreitendes Verhalten hinsichtlich der sexuellen Selbstbestimmung eines Menschen darstellt. Überdies würde damit auch einer Erweiterung auf alle Menschen als mögliche Opfer, unabhängig ihrer Profession, Rechnung getragen werden.

6 Ursachen für die Ausübung sexueller Gewalt in der Pflege

In der Literatur sind viele Erklärungsansätze sexueller Gewalt zu finden; der Fokus liegt bisher auf öffentlich bekannten Themen, wie bspw. sexuelle Gewalt in der Familie, zumeist an Kindern und Frauen, in Einrichtungen für Behinderte und in psychiatrischen Einrichtungen. Hinsichtlich der sexuellen Gewalt in Krankenhäusern und Seniorinnenheimen ist nach meiner Erkenntnis noch keine spezielle Ursachenforschung erfolgt. Infolgedessen werden in diesem Kapitel mögliche Quellen herausgearbeitet, die von der Ursachenbeschreibung, erstens der sexuellen Gewalt in anderen Konstellationen, zweitens der allgemeinen Gewaltformen in der Pflege sowie drittens von den Störungen der Sexualpräferenz, abgeleitet sind. Eingangs wird die Beziehung zwischen Pflegenden und Zu-Pflegenden näher betrachtet, da sie die Grundlage der professionell-pflegerischen Interaktion bildet.

6.1 Die Beziehung und Rollenerwartungen zwischen Pflegenden und Zu-Pflegenden

Jedes pflegerische Handeln basiert auf einer Beziehung zwischen den Pflegerinnen und den Patientinnen/Bewohnerinnen. Mit Aufnahme der pflegerischen Tätigkeit beginnt ein Beziehungsprozess, der den eigentlichen Kern der Pflegearbeit bildet.

Die Pflegebeziehung beruht auf drei wesentlichen Aspekten, die in einem engen Zusammenhang stehen: Der erste Aspekt ist die persönliche zwischenmenschliche Form, die von einer Mensch-zu-Mensch-Beziehung ausgeht. Nach Abstreifen der vorurteilsbehafteten Sicht werden die Akteurinnen zunehmend als Individuen wahrgenommen, was in gegenseitig empathisches Empfinden mündet und zu einer inneren Übereinstimmung führt, die es der Pflegenden ermöglicht, adäquat pflegerisch zu handeln.

Den zweiten Aspekt bildet die Kongruenz der Beziehung, die einerseits eine Übereinstimmung der Emotionen und des Verhaltens der Pflegerin bezüglich der Zu-Pflegenden, andererseits die echte und personale Beziehung zwischen Beiden bedeutet. Die Kongruenz schafft eine vertrauensvolle Atmosphäre, die Kraft für die Genesung sowie einen Informationsaustausch für den Problemlösungsprozess bringt und dadurch einen individuellen Krankenpflegeprozess herbeiführt.

Den dritten Aspekt stellt die heilende Beziehung dar, welche der Pflegenden die höchste pflegerische Kompetenz zuschreibt, auf deren Grundlage sie individuelle Situationen intuitiv erfassen und entsprechend ihr pflegerisches Handeln ausrichten kann. Die heilende Wirkung für die Patientin/Bewohnerin liegt darin, dass ihr nur diejenigen pflegerischen Maßnahmen zuteil werden, die angemessen, hilfreich, erleichternd und fördernd für das körperliche und seelische Wohlbefinden sowie für den Gesundungsprozess sind. [Pohlmann 2005]

In der Praxis erscheinen diese theoretischen Ansprüche der Pflegebeziehung an die Beteiligten in ihrer Idealität als schwer umsetzbar. Gerade weil Pflegerinnen und Patientinnen sowie Bewohnerinnen Individuen mit eigenen Erfahrungen und Erlebnissen sind, ist es nicht möglich, für jede andere, nicht ausgewählte Person Empathie zu empfinden. Realistisch sind Emotionen, die in Antipathie oder Sympathie übergehen und an dieser Stelle ein Potenzial zu nichtprofessionellem Pflege- und Rollenverhalten bergen.

Traditionelle Rollenerwartungen gegenüber Pflegerinnen sind Fürsorglichkeit, Feinfühligkeit, Freundlichkeit, Pflegefachkompetenz sowie die Fähigkeit zu Mitgefühl. Eigene Gefühle, wie z. B. Scham, Angst oder Ekel, und Bedürfnisse, wie bspw. persönliche Anteilnahme oder erotische Fantasien, stehen ihnen während der Berufsausübung nicht zu. Von kranken oder pflegebedürftigen Menschen wird traditionell erwartet, dass sie sich fügsam verhalten, d. h. keine Ansprüche und Forderungen haben und ihre Persönlichkeit zu Gunsten des störungsfreien Tagesablaufes der pflegerischen Einrichtung zurückstellen. [Meyer 1998]

Sexualität wird auf beiden Seiten in den Erwartungen ausgeklammert. Pflegende führen eine asexuelle, sterile, weiße Berufsrolle aus und Patientinnen sollen für die Zeit des Krankenhausaufenthaltes sexuelle Abstinenz zeigen. Die zumeist älteren Bewohnerinnen eines Seniorinnenheimes gelten ohnehin als unattraktiv und sexuell inaktiv. [Grond 2001]

Die Beziehung zwischen Pflegenden und Zu-Pflegenden ist demnach an Rollenbilder und Verhaltenserwartungen geknüpft, denen nicht alle Beteiligten gerecht werden wollen oder können. Daraus resultierende kommunikative Missverständnisse und unerwünschte Verhaltensweisen führen zu Spannungen, Unsicherheiten im Umgang miteinander, Ärger, Wut und Enttäuschung, die wiederum in Frustrationen, Aggressionen und Gewalthandlungen münden können.

6.2 Ursachen für vom Pflegepersonal ausgehende sexuelle Gewalthandlungen

Im nächsten Abschnitt werden drei Erklärungsversuche der sexuellen Gewalt in der Pflege vorgestellt. Am Anfang stehen Theorien über sexuelle Gewalttaten, die sich direkt aus der pflegerischen Beziehung ergeben. Anschließend werden Ursachen benannt, die nicht speziell aus der Pflegebeziehung resultieren, bei entsprechender Disposition der Pflegenden diese jedoch durch ihr Berufsfeld einen vereinfachten Zugang zu den potenziellen Opfern haben.

Allen gemeinsam sind Aspekte der Macht, welche in jeder Tat Einfluss hat, um körperliche und seelische Veränderungen bei den Opfern sowie Wahrnehmungsänderungen bei den Täterinnen herbei zu führen. Deshalb kann in diesem Gefüge auch von sexualisierten Gewalthandlungen gesprochen werden.

6.2.1 Ursachen, die im Zusammenhang mit der pflegerischen Beziehung stehen

Die erste Möglichkeit ist eine sukzessiv entwickelte Abneigung gegen die pflegebedürftigen und/oder kranken Personen. Den Täterinnen, die eigentlich in der Betreuungs- und Fürsorgepflicht für die Patientinnen und Bewohnerinnen stehen, gelingt es nach langer Zeit der liebevollen und idealistischen Pflege nicht mehr, den Pflegebedürftigen eine professionelle und ganzheitliche Pflege zukommen zu lassen. Die Berufung, Freude am Umgang mit den Menschen, der gesunde Altruismus sowie weitere Ideale und eigene Erwartungen des sozialen Handelns verblassen im Laufe der Berufsjahre durch Alltagsroutine, Änderungen des Berufsbildes und Überdruss des steten Aufbaus und Haltens sozialer Beziehungen im beruflichen Kontext. Besonders destruktiv sind diesbezüglich akute organisatorische Veränderungen, wie bspw. Personalstellen- und Gehaltskürzungen, Personalwechsel im Management und Einführung eines anderen Leitungsstiles. Aber auch Ereignisse im Privatleben, wie z. B. Krankheit, Pflegebedürftigkeit oder Tod eines nahestehenden Menschen oder die eigene Opferwerdung von Gewalthandlungen, können zur Absenkung des professionell-pflegerischen Engagements führen.

Die ursprüngliche Zuneigung zu den pflegebedürftigen Patientinnen und Bewohnerinnen verwandelt sich allmählich in Abneigung und im schlimmsten Fall zu Hass. In diesem Zustand wird eine explizite körperliche Abwesenheit, im Gegensatz zur körperlichen Anwesenheit bei Liebe, gewünscht, dessen einzige Lösung die Trennung ist. Da dies meistens nicht möglich ist, steigert sich der Hass; die Pflegehandlungen werden auf das Nötigste und die Dauer der Verrichtungen auf das Minimalste reduziert, weil die Anwesenheit der „Hassobjekte" nicht mehr ertragen wird. Die fortbestehende Zwangspräsenz der Patientinnen oder Bewohnerinnen, das weitere „In-Beziehung-treten-müssen" auf Grund der pflegerischen Betreuungspflicht kann Auslöser für Gewalthandlungen durch die Pflegerinnen sein.

Der besondere Konflikt liegt hierbei in den täglichen Pflegemaßnahmen, die intimer, körperberührender Art sind und einfühlsam verrichtet werden sollen, wegen des empfundenen Ekels und der Abscheu jedoch nicht mehr auf solche Weise von den Pflegerinnen zu leisten sind. Die körperliche Verletzung und Benutzung des verhassten Körpers mittels sexuell entwürdigender und schamverletzender Handlungen ist ein Modus der Konfliktverarbeitung mittels Sexualisierung des Abwehrmechanismus und stellt auf Grund der Intention sowie der

Ausnutzung des Machtverhältnisses eine sexualisierte Gewalthandlung dar. [Dießenbacher, Schüller 1993]

Eine weitere, dem ersten Konzept ähnliche, Ursache, ist das Phänomen des Ausgebranntseins, das als Burnout-Syndrom Eingang in die Wissenschaft findet. Es tritt vor allem bei Personen auf, die in Pflege-, Betreuungs- und Beratungsverhältnissen tätig sind und deren Hauptaufgaben im intensiven und einfühlsamen Umgang mit Klientinnen, Patientinnen oder Bewohnerinnen liegen. Im Laufe ihrer Tätigkeit können sie sich zunehmend überbeansprucht und „ausgelaugt" fühlen, was mit den Kardinalsymptomen des Burnout-Syndroms, nämlich der emotionalen Erschöpfung, Depersonalisation und reduzierten Leistungsfähigkeit, belegt wird. Letztere beschreibt eine fortschreitende Abnahme des Kompetenzgefühles und erfolgreicher Arbeitsleistungen. Unter dem Begriff Depersonalisierung werden gefühllose, abgestumpfte oder zynische Reaktionen seitens der beruflich Tätigen verstanden, die eine distanzierte Einstellung zu Ihrer Klientel ausdrücken. Oft geht das Burnout-Syndrom mit weiteren Krankheitszeichen wie z. B. körperliche Erschöpfung, Depression, Wutanfälle und einem Gefühl der Schwäche einher. [Der Brockhaus Psychologie 2001]
Burnout-Ursachen sind in einer bestimmten beruflichen Belastung zu sehen, die aus einem intensiven und langfristigen Einsatz für andere Menschen resultiert. Überforderungsgefühle durch Zeit- und Verantwortungsdruck, mangelndes Feedback und unklare Erfolgskriterien haben eine herausragende Bedeutung für die Entwicklung einer Burnout-Symptomatik. Auf der Verhaltensebene ist die verringerte Reaktionsbereitschaft, d. h., eine zunehmende Passivität charakteristisch. Beim Burnout spricht man auf dieser Ebene von einer dehumanisierenden Einstellung der Klientel gegenüber. Dies schafft eine „Pseudodistanz", da sie nicht auf einer gesunden Abgrenzung der beruflich Tätigen zum Klientel beruht. Die Betroffene kompensiert im Gegenteil die eigene Unfähigkeit sich abzugrenzen, in dem sie einer Auseinandersetzung mit der Klientin über den Umweg der zynischen, oberflächlichen Einstellung ihr gegenüber aus dem Weg geht. Hinzu kommt eine zunehmende Rigidität im Denken durch die negative Einstellung zu sich und zur Arbeit sowie ein Gefühl der Inkompetenz. [Burisch 2006]
In diesen Zusammenhängen kann sich die dehumanisierende Einstellung gegenüber den Patientinnen und Bewohnerinnen, neben Ignoranz und Missachtung ihrer Bedürfnisse, grober und unfreundlicher pflegerischer Versorgung oder Unterlassen betreuender Pflichten, auch in gezielten oder ungezielten Verletzungen der Würde und des Schamgefühles äußern. Beleidigende oder anzügliche Worte und subtil eingebrachte Gewalthandlungen im Rahmen der pflegerischen Maßnahmen können die geschlechtliche Identität einer Person angreifen und sie

zu einem gefühl- und würdelosen Objekt degradieren. Die Pflegeperson schafft sich dadurch die benötigte Pseudodistanz, weil die meisten Menschen bei Verletzungen solcher Art, zumindest situativ, mit Rückzug reagieren. [Gröning 1998]

Die Grenzen werden verschoben, die Distanz vergrößert und aus Sicht der Pflegerin ist eine Auseinandersetzung nicht mehr vonnöten, aber vor allem braucht sie keine Wünsche oder Bedürfnisse fürchten, die an sie heran getragen werden könnten, denen sie sich abermals aufopferungsvoll widmen müsste. Hieran wird das eigentliche Motiv der Gewalthandlung sichtbar: Die Verhaltensänderung von der kommunikativen, aufgeschlossenen und Wünsche äußernden zur unterwürfigen und introvertierten Patientin oder Bewohnerin.

Als dritte Ursache kommt ebenfalls ein längerer Prozess in die nähere Betrachtung. Wie bereits erwähnt, findet Sexualität der Patientinnen und Bewohnerinnen bis heute größtenteils keinen Eingang in die Wahrnehmung der Pflegenden. Insbesondere bei längeren Aufenthalten in einer pflegerischen Einrichtung kommt es zwangsläufig zu sexuellen Aktivitäten der Bewohnerinnen, da alle Menschen bis an ihr Lebensende sexuelle Wesen sind. Sehnsucht und Wünsche nach Sinnlichkeit, Zärtlichkeit, Gefühlsauslebung, Körperlichkeit und Intimität empfinden auch Menschen, die sexuelle Funktionsstörungen auf Grund vorübergehender oder anhaltender Erkrankung, Behinderung oder altersbedingten Abbauprozessen haben. Deshalb kann sich die Umsetzung der Wünsche in sehr verschiedenen Formen der sexuellen Aktivität äußern: Patientinnen und Bewohnerinnen verlieren ihr Schamgefühl und sich entblößen sich, sie befriedigen sich selbst oder verspüren bei pflegerischen Handlungen Erregung. Des Weiteren können Wünsche auf die Pflegenden projiziert oder sie als Lustobjekte angesehen werden. [Grond 2001]

Die Begegnung mit Sexualität in der Pflege ist unvermeidbar und führt bei unzureichender Auseinandersetzung mit Lust, Erotik, Scham und Intimität sowie fehlender Reflexion und Wahrnehmung der eigenen Sexualität zu Konflikten [Grond 2001]. Werden diese nicht für beide Seiten zufriedenstellend gelöst, können daraus Aggressionen erwachsen, die wiederum in Gewalthandlungen münden [Ruthemann 1993].

Im Zusammenspiel mit der Macht, welche die Pflegenden durch die institutionelle, organisatorische und fachliche Überlegenheit inne haben, können die Gewalthandlungen eine sexuelle Formation erhalten. Möglich ist hierbei die Kombination aus Aktionsmacht und institutioneller Macht, um gezielt schamverletzende Gewalt auszuüben. Im Ansinnen der Täterin geht es hierbei zum einen um Rache oder Vergeltung der sexuellen Anzüglichkeiten der Zu-Pflegenden, deren Opfer sie selbst zuvor geworden ist. Die Gewalthandlung muss sich im Sexuellen ausdrücken, um der Patientin/Bewohnerin die schamverletzenden Gefühle aufzuzeigen, die sie selbst zuvor erlebt hat. Zum anderen soll die Beendigung der geäußerten Sexualität erzielt werden, was einer unangemessenen Verhaltenssteuerung mittels Macht entspricht. [Buchinger 2004]

6.2.2 Ursachen, die keinen pflegespezifischen Zusammenhang aufweisen

Sexuelle Gewalthandlungen an widerstandsunfähigen Menschen sind auch für Täterinnen interessant, die nicht aus der Pflege kommen. Die Motivation liegt hierbei zum einen in der Erwartung des geringsten Widerstandes und zum anderen in der verminderten Gefahr der Aufdeckung der Straftat. Menschen, die längere Zeit im Krankenhaus sind oder ein Seniorinnenheim bewohnen sind psychisch und/oder physisch krank, behindert oder pflegebedürftig und zudem teilweise mit Medikamenten ruhiggestellt. Auf dieser Basis können sie als eine Opfergruppe gesehen werden, bei der die Täterin einen unbedeutenden körperlichen Widerstand während der Tat, vor allem aber das geringste Risiko der Tatentdeckung zu befürchten hat. [Görgen et al. 2005]

Konkret könnte dies so aussehen, dass die Vergewaltigung einer bettlägerigen und an Alzheimer erkrankten Frau in der praktischen Durchführung relativ einfach wäre und eine Aufdeckung, durch die mit der Erkrankung einhergehenden Symptome der Vergesslichkeit und Artikulationsstörungen oder die als „Nicht-ernst-zu-nehmendes-Gerede" eingestuften Äußerungen, nicht zu befürchten ist. Hinzu kommt, dass eine besonders ausgeprägte Scham älterer Frauen, aber auch jüngerer Frauen, je nach Lebenserfahrungen und Art des Umganges mit dem eigenen Körper, das Sprechen über Sexualität einschließlich Viktimisierungen be-/verhindert [Böhmer 2000].

Dies wird negativ unterstützt durch die Befürchtung, man würde ihnen auf Grund ihres Alters diesbezüglich keinen Glauben schenken, da, nach breiter gesellschaftlicher Meinung, die scheinbare Unattraktivität kranker und pflegebedürftiger Personen nicht mit sexuellen Handlungen kombinierbar ist. Sexualdelikte an älteren Menschen bleiben somit häufig unerkannt und werden oftmals auch nicht als Sexualstraftat wahrgenommen. Viktimisierte Personen können sich auf Grund ihres konservativen Selbstbildes und derselben gesellschaftlichen Ansicht nicht als Opfer definieren oder begründen gar die Schuldigkeit mit eigenem Verhalten. [Görgen et al. 2005]

Daran schließt sich die Frage nach der Motivation zum Gebrauch sexueller Gewalt an älteren, kranken und pflegebedürftigen Menschen. Eine Erklärung ist in der Paraphilie zu finden. Von einer Paraphilie spricht man, wenn jemand mindestens sechs Monate lang immer wiederkehrende sexuell erregende Phantasien, dranghafte Bedürfnisse oder Verhaltensweisen hat, die zwecks Erregung auf außergewöhnliche Bedingungen wie z. B. Leiden, Demütigung, Schmerz oder Erniedrigung der Sexualpartnerin sowie auf nicht einwilligende oder einwilligungsunfähige Menschen abzielen. [Beier 2002] Sexuelle Neigungen, die auf Ältere gerichtet werden, sind mit der Bezeichnung der Gerontophilie belegt. Charakteristisch ist dabei ein großer Altersunterschied zwischen den Akteurinnen, da sonst jede Sexualität zwischen älteren Menschen gerontophil wäre. [Görgen et al. 2005]

Nicht alle Paraphilien sind als dissexuell oder -sozial einzustufen; im Fall der Gerontophilie, zum Vergleich auch der Pädophilie, liegt jedoch meistens eine Störung im Sozialverhalten vor, da die Täterinnen die Kinder oder Seniorinnen als Ersatzperson für eine altersadäquate Partnerin ansehen. [Beier 2002]

Sexuellen Gewalttaten an älteren, kranken oder pflegebedürftigen Menschen können demnach Paraphilien zu Grunde liegen, die hauptsächlich die Komponente der sexuellen Befriedigung inne haben. Dies bezieht sich insbesondere auf die Täterinnen, die nicht zu der pflegerischen oder medizinischen Berufsgruppe gehören und von außen in die pflegerische Institution hinzutreten. Sie stehen in keinem Abhängigkeitsverhältnis mit den Opfern, weshalb zumindest ein institutioneller Machtaspekt ihrem Handeln nicht beigeordnet werden kann.

Täterinnen, die aus dem pflegerischen Berufsfeld kommen, geht es weniger um sexuelle Befriedigung. Vielmehr ist der Reiz um das Ausüben von Macht, Stärke und Potenz grundlegend. Die Täterinnen befinden sich selbst in der machtvollen Positionen als beruflich Pflegende, von der die Patientinnen/Bewohnerinnen abhängig sind, und nutzen diese zur Erhaltung oder Ausweitung ihrer Stellung sowie, um unerwünschte Verhaltensweisen zu unterbinden. Sexuelle Gewalthandlungen werden, im Gegensatz dazu, auch als Bemächtigung von Personen begangen, die wenig Macht innerhalb der Organisationsstruktur inne haben oder einem destruktiven Selbstbild unterliegen. Die schamgefühlverletzende und entwürdigende Unterwerfung anderer Menschen steigert das eigene Selbstwertgefühl und schafft eine zwar unaufrichtige, aber unter Umständen beständige Machtposition. [Böhmer 2000]

6.3 Ursachen für von Patientinnen/Bewohnerinnen ausgehende sexuelle Gewalthandlungen

Die Form der sexuellen Gewalt von Patientinnen und Bewohnerinnen gegen Pflegepersonal kann größtenteils der sexuellen Belästigung zugeordnet werden. Drei Gründe für dieses Verhalten der Zu-Pflegenden sind zu benennen: Die erste Erklärung ergibt sich aus dem natürlichen Umstand, dass alle Menschen bis an ihr Lebensende sexuelle Wesen sind und sich darin auch bestätigt sehen möchten. Patientinnen und Bewohnerinnen einer pflegerischen Institution können auf Dauer nicht asexuell leben, wie es eigentlich bei Eintritt in die Einrichtung verlangt wird. Die Sehnsucht nach Nähe, körperlichen Berührungen, Zärtlichkeit und sexueller Stimulation kann dazu führen, dass sie gezielt versuchen eine Pflegerin zu umarmen, zu küssen oder zu berühren, dass sie sie verbal zu sexuellen Handlungen auffordern sowie mit sichtbaren Zeichen der Erregung konfrontieren. Gleiches kann auch unbewusst erfolgen, bspw. auf Grund von altersbedingten Abbauprozessen im Gehirn. Ältere Menschen können die Realität verkennen und eine Pflegerin mit einer ehemaligen Partnerin verwechseln, mit der ein Austausch von Körperlichkeiten als selbstverständlich zur Beziehung gehörte. [Grond 2001]

Letzteres trifft auch für die zweite Begründung zu, die beinhaltet, dass neben den normalen geistigen Abbauprozessen ebenso dementielle Erkrankungen, wie z. B. Morbus Alzheimer, ungesteuert zu sexuellen Verhaltensweisen und Reaktionen führen können, die inadäquat und fehlgeleitet bezüglich der Person, Situation oder des Ortes sind. Entblößung und Masturbation stellen einen Ausdruck eines emotionalen Mangels dar, der u. U. auf ebensolche Erkrankungen zurückzuführen ist. [Grond 2001]

Zusätzlich können die Nebenwirkungen einiger Medikamente sexuelle Erregungen hervorrufen oder forcieren, wie z. B. Halluzinogene, Androgene oder Analeptica. Bei Psychopharmaka besteht grundsätzlich die Gefahr der paradoxen Reaktion, d. h., dass bspw. zur Beruhigung gegebene Tranquilizer einen Erregungszustand auslösen können. Antidepressiva hingegen bewirken in manchen Fällen eine übermäßige Antriebssteigerung und Narkosegase können eine sexuelle Enthemmung verursachen. [Hartdegen 1996, Berthold 1998]

Zu beachten ist, dass nicht alle medikamentös indizierten Erregungszustände eine sexuelle Erregung, sondern eher ein allgemeines Potenzial zur Aggression inkludieren, jedoch kann eine Stimulation der sexuellen Aktivität nicht ausgeschlossen werden. [Hartdegen 1996]

Als dritte Ursache ist der Versuch der Machtdemonstration zu nennen. Insbesondere Menschen, die in ihrem Lebenslauf eine machtvolle Position inne hatten, sei es speziell bei Männern die Rolle des Familienoberhauptes oder eine hohe berufliche Stellung, versuchen mit den wenigen erhalten gebliebenen Ressourcen sich „ihre Macht" zurück zu holen. Die sexuelle Handlung gegenüber Pflegerinnen impliziert einen Beweis über eine erhalten gebliebene funktionale Sexualfähigkeit, Potenz und Stärke. Zudem kann versucht werden, tradierte und patriarchalische Vorstellungen über willfährige Pflegerinnen bestätigt zu bekommen und aufrecht zu erhalten [Schnock 1999]. Frauen können ebenfalls durch Entblößung, Tragen aufreizender Kleidung oder Äußern eindeutiger Handlungsaufforderungen Macht demonstrieren, die auf eine Bloßstellung oder Verlegenheit der männlichen Pflegenden abzielt. [Grond 2001]

Beides kann auch Ausdruck fehlender Zuneigung und menschlicher Wärme sein, stellt in diesem Zusammenhang jedoch trotzdem eine Machtanwendung dar, weil der angestrebte Effekt nicht der sexuellen Befriedigung, sondern der Aufwertung des geschlechtlichen Selbstwertgefühles auf Kosten einer zum Lustobjekt degradierten Person dienen soll.

7 Erscheinungsformen sexueller und sexualisierter Gewalthandlungen anhand von Fallbeispielen aus der Literatur

Die sexuelle Gewalt stellt neben der psychischen und physischen Gewalt eine dritte Form der direkten Gewalt dar. Ihre Besonderheit liegt darin, dass sie den anderen Gewaltformen nicht untergeordnet werden kann, da sich die Erscheinungsformen sexueller Gewalt selbst in seelischer und körperlicher Gewalt, mit ihren spezifischen Auswirkungen und Folgen, ausdrücken.

In diesem Kapitel werden die Ergebnisse der Literaturrecherche zu Fallbeispielen sexueller Gewalt in der Pflege dargestellt. Es soll zum einen geschildert werden, in welchem Kontext die Fälle an die Öffentlichkeit gelangten und welcher Erscheinungsform sexueller Gewalt sie zum anderen zugeordnet werden können.

7.1 Psychische sexuelle Gewalt

Seelische Gewalt basiert auf Worten, Gesten, Bildern, Symbolen oder dem Entzug der Lebensgrundlagen, um einen Menschen durch Einschüchterung, Angst oder Belohnungen gefügig zu machen. Die Wirkung erfolgt im Verborgenen, d. h. in der Psyche eines Menschen, und ist somit äußerlich nicht sichtbar. Als Folge treten psychische Störungen bis schwere Traumata auf, die das Verhalten eines Menschen auf allen Ebenen maßgeblich destruktiv beeinflussen können. Solche Verhaltensänderungen können das angestrebte Ziel der gewaltausübenden Person sein. Mittels Abwehrmechanismen, Flucht oder Verdrängung kann sich das Opfer der Wirkung psychischer Gewalt allerdings widersetzen, weshalb sich der Effekt dieser Gewaltform nicht von vornherein berechnen lässt. [vgl. Bonacker, Imbusch 2006 S. 87] Psychische Gewalt auf der sexuellen Ebene kann sowohl durch Worte ausgeübt werden, bspw. mit geschlechtlich abwertenden, entwürdigenden Kommentaren, anzüglichen Witzen, sexualisierten Aufforderungen oder Sprüchen, ebenso mittels wortlosen Gesten, z. B. Handzeichen zeigen, deren Ausdruck sexueller Art ist, als auch durch Bilder, bspw. in Form von Präsentieren pornografischer Fotos oder Filme. Aber auch allein die unerwünschte und unbegründete Anwesenheit eines fremden, gegengeschlechtlichen oder unangenehmen Menschen in der Privatsphäre, speziell bei widerstandsunfähigen Personen, kann psychische Gewalt auf der geschlechtlichen Ebene darstellen. In der Pflege ist besonders das Pflegepersonal im Rahmen der Aufsichts- und Betreuungspflicht für den Schutz der Bewohnerinnen und Patientinnen vor ebensolchen Handlungsweisen und Situationen verantwortlich.

Die Einschüchterung oder das Hervorrufen von Angst stehen als Wirkungen bei der psychischen sexuellen Gewalt im Vordergrund, um die Machtposition der Täterin zu erhalten oder zu verstärken. Abhängig von der Intensität der Gewalthandlungen und seelischen Vulnerabilität des Opfers können aus psychischer sexueller Gewalt leichte bis schwere psychische Störungen resultieren, die insbesondere Änderungen im Geschlechts- und Sozialverhalten zur Folge haben.

7.1.1 Verletzungen der personalen und geschlechtlichen Identität

Die Identität eines Menschen, auch als Ich-Identität bezeichnet, ist durch die Einzigartigkeit jedes Individuums und dessen Zugehörigkeit zu einer soziokulturellen Gemeinschaft gekennzeichnet. Sie unterliegt dabei einem Zusammenspiel der personalen Identität, welche die Gesamtheit einer unverwechselbaren Lebensgeschichte beinhaltet, sowie der sozialen Identität, die die Zugehörigkeit eines Menschen zu bestimmten Bezugsgruppen meint. Die Aufrechterhaltung der Balance zwischen personaler und sozialer Identität geschieht mittels Anpassung an Normen der Bezugsgruppen und Durchsetzung der Individualität. Eine Ausgewogenheit beider Komponenten stellt die Ich-Identität eines Menschen sicher. [Ritter, Gründer 1976]

Zur personalen Identität gehört unter anderem die geschlechtliche Identität eines Menschen. Sie beruht, neben den biologischen Merkmalen und einer kulturell-geschlechtsspezifischen Sozialisation, maßgeblich auf der innerpsychischen Orientierung hinsichtlich Weiblichkeit oder Männlichkeit sowie der interpersonellen Orientierung bezüglich Homo-, Bi- und/oder Heterosexualität. Daraus resultieren zum einen die äußerliche Präsentation der angenommenen Geschlechtsrolle durch Kleidung, Mimik und Verhalten, zum anderen die Einstellungen und Handlungsweisen eines Individuums, welche die Integration in oder die Teilnahme an bestimmten Sozialgemeinschaften forcieren oder reduzieren, um die Ich-Identität aufrecht zu erhalten und zu stärken. [Fiedler 2004]

Handlungen anderer Personen, die eine missachtende und demütigende Wirkung auf die geschlechtliche und personale Identität eines Menschen haben oder die ein Individuum an der Entfaltung seiner personalen und geschlechtlichen Identität hindern, werden der psychischen sexuellen Gewalt untergeordnet. Sie können seelische Störungen zur Folge haben, aus denen Veränderungen im geschlechtlichen Verhalten resultieren.

In der Bonner Schriftenreihe „Gewalt im Alter" berichten Angehörige über die defizitäre pflegerische Betreuung ihrer pflegebedürftigen Mutter unter anderem, dass nachts ein fremder Mann in dem freien Bett des Zimmers der Mutter schlief. Die Angehörigen hatten diesbezüglich mit dem Pflegepersonal gesprochen:

„Man war nicht überrascht, das könne schon vorkommen, daß ein für solche Situationen bekannter dementer Mann in freien Betten schlafen würde. Was unsere Mutter empfunden hat, die Nächte mit einem ihr fremden Mann zubringen zu müssen, liegt uns schwer auf der Seele. Warum sie nicht geläutet habe? Eingeschüchtert wie sie war, (...) traute sie sich das nicht.“ [Hirsch, Fussek 2001 S. 109]

Dieser Vorfall ereignete sich 1998 wiederholt in einem Seniorinnenheim in München, in dem die Heimbewohnerin ein Zweibettzimmer bewohnte. Sie hatte keine Möglichkeit, sich vor diesen nächtlichen Besuchen zu schützen und fand keinen Mut sich einer Pflegerin anzuvertrauen, um ihr die Situation zu erklären und somit eine Änderung herbei zu führen.

Die Ignoranz des Geschehens durch die Nachtpflegerinnen stellt eine Verstärkung der Machtposition gegenüber der Bewohnerin dar. Die Pflegenden nehmen in Kauf, dass die pflegebedürftige Frau in ihrer geschlechtlichen Identität verletzt und eventuell in Angstzustände versetzt wird, da durch die Anwesenheit des fremden Mannes ihre Privatsphäre Einschränkung erfährt und sie weder selbst in der Lage ist, die Situation zu verändern, noch die Pflegerinnen ihr zu Hilfe kommen.

Eine in der Pflege häufig vorkommende Situation wird in einem Interview über Konfliktsituationen im Altenheim detailliert beschrieben. Die 79jährige Befragte wohnt nach einem Schlaganfall in einem Seniorinnenheim nahe Würzburg:

„(...) Mir sind die Tränen gekommen die ersten paar Mal, wie der Pfleger gekommen ist. Ich habe das ja auch gar nicht gewusst gehabt, dass da so Pfleger da sind, die dann kommen. (...) Naja, die waren auf einmal da, (...) haben einen behandelt, haben einen sauber gemacht (...) das sind halt die Pfleger (...). Wenn man sich so nackig vor denen Männern hinlegen soll (...). Das ist jedem peinlich. (...)“ [Knobling 1999 S. 98ff]

Die Bewohnerin stellt sehr anschaulich ihre Gefühle auf die Verletzung ihrer geschlechtlichen Identität dar. Sie hatte keine Vorstellung, dass es möglich und üblich ist, als Frau von männlichen Pflegepersonen versorgt zu werden und darüber hinaus, dass es überhaupt Pfleger gibt. Ihre weibliche Identität inkludiert keine Handlungen, die sie unbekleidet in sozialer Interaktion mit verschiedenen fremden Männern ausführen muss. Durch den Einzug in das Heim kommt sie plötzlich in Situationen, in denen sie für sich bis dahin Unvorstellbares machen bzw. über sich ergehen lassen muss. Dieser Eingriff in die geschlechtliche Identität der

Bewohnerin kann Balancestörungen ihrer Ich-Identität sowie Verhaltensstörungen hervorrufen. Zudem bereitet ihr die Nacktheit ihres Körpers vor den Augen der fremden Männer, auch im sachlichen Kontext pflegerischer Behandlungen, Schamgefühle.

Eine 47jährige Frau schreibt 1995 einen umfassenden Selbstbericht zur Beantwortung einer schriftlichen Untersuchung im Rahmen einer Diplomarbeit. In der Studie geht es um die Frage, wie Patientinnen verletzende und schädigende Pflege erleben. Sie empfand die Vorbereitungsphase einer Operation in einem anästhesiologischen Vorraum eines Krankenhauses folgendermaßen:

> *„(...) Stöße an die geöffneten Beine, Ellenbogen, ganz rohe Sprache, Kommentare etc. Ich kam mir vor wie ein Stück Schlachtvieh, fand auch schlimm, daß dort ausschließlich Männer waren."* [Elsbernd, Glane 1996 S. 139]

Durch die Unaufmerksamkeit und das routinisierte Handeln des anästhesiologischen Personals wird die Patientin in dieser Situation erheblich in ihrer personalen Identität und auf Grund der ausschließlichen Anwesenheit von Männern in ihrer geschlechtlichen Identität verletzt. Aus freiem Handeln heraus hätte sie sich in dieser Position wahrscheinlich nicht in eine männerdominierte Gemeinschaft begeben, als anästhesiologische Patientin hat sie jedoch keine Möglichkeit diese Situation zu verändern. Die Pfleger nutzen die Hilflosigkeit der Frau sowie ihre strukturelle Überlegenheit insofern aus, dass sie keine Sensibilität für die Lage der Patientin entwickeln und keinen Anlass sehen, die Situation zu beenden und respektvoller zu gestalten. In diesem Zusammenhang kann das Beispiel auch als sexualisierte Gewalthandlung betrachtet werden, da die Pfleger bewusst ihre Machtposition aufrecht erhielten.

In derselben Forschungsarbeit schreibt eine 32jährige Frau, die sich wegen einer schweren Erkrankung wiederholt operativen Eingriffen unterziehen musste, im Selbstbericht Folgendes:

> *„Eine Schwester öffnete es (das Hämatom, Anm. A. B.) mit den Worten ,Na, mit dem Bikini Tragen ist es ja wohl jetzt vorbei'. Ich war entsetzt und verunsichert. Sie war davon überzeugt."* [Elsbernd, Glane 1996 S. 152]

Das Entsetzen und die Verunsicherung der Patientin deuten auf eine Störung ihrer innerpsychischen Orientierung als junge Frau hin, der es auf Grund vermeintlicher Einschränkungen ihrer körperlichen Attraktivität nicht mehr möglich ist, ihre Geschlechtsidentität auch im Bikini zu präsentieren. Nicht durch eigenes Empfinden eines Mangels, sondern durch die

Wirkung der Worte einer fremden Person, wird sie in ihrer geschlechtlichen Identität negativ beeinflusst, was den Grund der psychischen Gewalt darstellt.

Alle vier Fälle stellen eine Verletzung der geschlechtlichen und damit personalen Identität der Bewohnerinnen oder Patientinnen dar; sie verdeutlichen als deren Ursache fehlende Empathie und Sensibilität für die Situationen der Frauen. Die Gewalt äußert sich hierbei in Worten, Handlungen sowie unterlassenen Handlungen, welche Störungen in der personalen Identität hervorrufen, die ihrerseits zu einer Instabilität der Ich-Identität führen können. Diese psychische Beeinträchtigung kann bei fehlenden konstruktiven Bewältigungsmechanismen zu Änderungen im Geschlechts- und Sozialverhalten führen.

7.1.2 Verletzungen des Schamgefühles und der menschlichen Würde

„Scham ist an sich ein Signalgefühl und ein Schutzaffekt, der Intimität und Integrität schützt." [Olbricht 2004 S. 113]

Scham ist das Gefühl eines Menschen, das eine Handlung oder Rede unterbricht, um eventuelle negative Folgen in Form von Verletzungen für das Selbstwertgefühl, Selbstbild und Selbstbewusstsein zu vermeiden. Scham kann sich auf Moral und Anstand, Forderungen der Humanität oder auf Mitmenschen, die Gesellschaft und das eigene Ich, oder auf eine andere handelnde oder redende Person beziehen, der bei einer Verletzung dieser Werte Bloßstellung, Blamage oder Beschämung zuteil werden kann. Die Scham ist nicht nur kulturell von unterschiedlicher Bedeutung und Intensität, sondern auch innerhalb einer Gesellschaft generationsabhängig verschieden ausgeprägt. Auslöser für das Schamgefühl ist der allgemeine Wertmaßstab, dessen letzte Instanz jedes Individuum selbst auf Basis seiner Erziehung und Sozialisation ist. [vgl. Ritter, Gründer 1992 S. 1208ff]

Verletzungen des Schamgefühles und der Menschenwürde können gezielt auf Beleidigungen und Angriffen gegen die Sexualität, Körperlichkeit und Intimsphäre eines Menschen basieren. Die Missachtung und das Übertreten von Schamgrenzen anderer Personen sowie die Ignoranz sexueller Bedürfnisse können daher in diesem Sinne der sexuellen Gewalt zugeordnet werden. Nachstehende Darstellungen sollen die theoretische Ausführung veranschaulichen und bestätigen.

Eine 39jährige Patientin antwortet in einem Selbstbericht der bereits erwähnten Studie über verletzende und schädigende Pflege. Sie berichtet von ihrem Erlebnis mit einer Krankenschwester einen Tag nach der Operation während ihres Krankenhausaufenthaltes im Jahr 1994:

> *„Dann sah sie mich an und rief: ‚Jetzt waschen wir die Unterwelt‘. Sie riß mir brutal die Beine auseinander und drehte und wendete mich wie ein totes Stück Fleisch. Daß ich mehrmals vor Schmerzen laut schrie, schien sie nicht zu stören."* [Elsbernd, Glane 1996 S. 144]

Eine chronisch erkrankte 65jährige Patientin schildert in der mündlichen Befragung derselben Arbeit eine Situation, die ihr das Gefühl gab, innerlich verletzt worden zu sein:

> *„Und es ist schon, wenn einem ein Mensch unsympathisch ist, der muß einem bei der Morgentoilette helfen oder muß einen verbinden oder muß dies und jenes machen. Man empfindet es ganz anders. Dieses Anfassen, nicht?"* [Elsbernd, Glane 1996 S. 83]

In beiden Darstellungen handelt es sich um Erlebnisse, die die Frauen sehr negativ bewegen. Ersterer widerfuhr zum einen eine Verletzung ihres Schamgefühles durch den abwertenden und vulgären Kommentar, zum anderen eine Entwürdigung ihrer Person durch das gefühllose Drehen ihres Körpers durch die Krankenschwester. Im zweiten Beispiel erlebte die Frau wiederholte Verletzungen des Schamgefühles, weil die pflegerische Versorgung durch mindestens eine ihr unsympathische Pflegerin durchgeführt wurde. Die Berührung ihres Körpers durch die fremde und unangenehme Person überstieg ihren persönlichen Wertmaßstab und trug somit zu ihrer Beschämung bei. Im Anhang gaben beide zudem an, dass diese Erlebnisse zu Gefühlen der Angst und Änderungen ihres Verhaltens führen würden, wenn ein weiterer Krankenhausaufenthalt bevorsteht. In dieser Komplexität verdeutlichen beide Fälle das Ausmaß der psychischen sexuellen Gewalt.

In der Bonner Schriftenreihe „Gewalt im Alter" schildert die Tochter einer Pflegeheimbewohnerin in Wolfsburg eine Begebenheit, die sich bei einem ihrer Besuche im Jahr 1997 zutrug:

> *„Im Beisein von Zivildienstleistenden wurde unsere Mutter im Bett gewaschen. Im Intimbereich war die Schwester mit dem Waschen sehr grob. Es bereitete unserer Mutter Schmerzen."* [Hirsch, Fussek 2001 S. 75]

In ihrer ethnologischen Studie zum Alltag in einem Pflegeheim einer größeren Stadt der BRD beschreibt Koch-Straube folgende Beobachtung als Forscherin:

„Frau Hut wird im Bett «unten herum» gewaschen. Klaus, der junge Zivil-dienstleistende, macht das routiniert. (...)"* [Koch-Straube 2003 S. 213]

Bezüglich der Verletzung der Intimsphäre ist es im ersten Beispiel nicht eindeutig, ob die Pflegerin es beabsichtigt, den Zivildienstleistenden bei der Waschung anwesend sein zu lassen oder ob dies ein Zufall ist. Trotzdem stellen beide Fälle eine Verletzung des Schamgefühles der Bewohnerinnen dar, da beiden Frauen ungefragt ihr Intimbereich vor den Zivildienstleistenden entblößt wird. Zumindest im ersten Fall geschieht dies ohne erkennbare Notwendigkeit, da die waschende Pflegerin den Zivildienstleistenden hinausbitten könnte. Beachtenswert ist zudem, dass beiden Bewohnerinnen durch grobe oder routinisierte Pflegehandlungen auch körperliche Schmerzen zugefügt werden, die bereits dem Bereich der physischen sexuellen Gewalt eingeordnet werden können.

Im Folgenden werden drei Beispiele scham- und würdeverletzender Handlungen dargestellt, die in einem Fall von einer Angehörigen, in zwei Fällen von einer teilnehmenden Beobachterin erlebt und beschrieben werden:

„Einmal, als ich auf dem Gang warten wollte, (...) und diesen ein Stück hinunterging, stand ich plötzlich vor einer offenen Zimmertür, und mitten in der Tür saß eine splitternackte alte Frau auf einem Toilettenstuhl. Es gab keinerlei Grund, daß die Tür offen stehen musste." [Hirsch, Fussek 2001 S. 266]

„Ausflug. Auf dem Weg zum Café muß Frau Senefeld «pinkeln». Der Kleinbus wird in einem Feldweg zwischen Obstbaumfeldern angehalten. Frau Senefeld wird von zwei MitarbeiterInnen direkt am Straßenrand «abgehalten», vor den Augen aller MitfahrerInnen (der Busfahrer und ein Bewohner sind auch dabei) und der vorbeifahrenden Autofahrer. (...) Kein Baum, obwohl reichlich vorhanden, bietet wenigstens minimalen Sichtschutz. (...)" [Koch-Straube 2003 S. 212]

„Am Morgen. Frau Marek irrt schon barfuß und mit vorne hochgeschlagenem Nachthemd im Flur. (...) Im gleichen Zimmer liegt Frau Groß vollkommen nackt auf ihrem Bett, das Nachthemd auf dem Boden. Sie klagt, dass alles naß sei und dass sie friere, mit leiser wimmernder Stimme. Aber sie muß in dieser

---

*Alle im Folgenden aufgeführten Namen von Bewohnerinnen, Patientinnen und Pflegerinnen wurden bereits von der Autorin Koch-Straube anonymisiert.

Lage noch warten, bis Manuela mit Frau Marek fertig ist. (...)" [Koch-Straube 2003 S. 212]

Alle drei Begebenheiten veranschaulichen die Abhängigkeit der pflege- und/oder hilfebedürftigen Frauen von den Pflegerinnen, die ihrerseits, bewusst oder unbewusst, die Bewohnerinnen in scham- und würdeverletzende Situationen bringen. Im Rahmen pflegerischer Handlungen werden ihre Körper entblößt, ungeachtet dessen, ob Zimmertüren geschlossen oder Möglichkeiten des Sichtschutzes genutzt sind. In den ersten beiden Fällen wird die Schamverletzung zusätzlich durch den Zwang zum öffentlichen Verrichten der Ausscheidungen verstärkt. Der Versuch einer Wahrung von Intimsphäre ist nicht erkennbar.

Im dritten Ereignis ist die Verletzung der Würde besonders deutlich: Die Bewohnerin befindet sich bereits in einer demütigenden Lage und äußert ihre damit einhergehenden Empfindungen, dennoch wird ihr Hilfe in erniedrigender Weise durch Ignoranz ihrer Situation verwehrt, ihre Gefühle werden missachtet.

Eine weitere Situation schamverletzender Pflege wird in einer Dokumentation vom Seniorenschutzbund „Graue Panther" aufgezeigt. Dabei handelt es sich um ein Vorkommnis in einem Seniorinnenheim:

„Ein Pfleger betritt ihr Zimmer und will die Bettdecke fortziehen. Die Frau wehrt sich, zuerst soll eine Schwester ihren Katheter entfernen. Die Tochter (...) rennt ins Schwesternzimmer. Als sie zurückkommt, hat der Pfleger der Mutter den Katheter bereits entfernt. Später läßt sich die Mutter dann von der Tochter trösten (...): ‚Ich habe doch keine Schamhaare mehr." [Unruh 1991 S. 67]

Neben der aufdringlichen Art, ohne vorherige Information der Bewohnerin, ihr die Bettdecke entziehen zu wollen, liegt die schamverletzende Handlung hierbei in der Überheblichkeit des Pflegers. Ohne Rücksicht auf den geäußerten Wunsch, dass eine Pflegerin die Katheterentfernung vornehmen solle, fährt der Pfleger in seinem Handeln fort. In der späteren Situation des Trostspendens wird die Tiefe der Schamverletzung deutlich, da sich die Frau vor allem wegen ihrer fehlenden Behaarung im Genitalbereich schämte und besonders die Entblößung vor einer männlichen Pflegeperson scheute.

Auch Männer werden Opfer sexueller Gewalt in Form von scham- oder würdeverletzenden Pflegehandlungen. Nachfolgende Beobachtung bei einem 94jährigen Bewohner ist ein täglich wiederkehrender Vorgang:

> *„Morgenpflegerunde. (...) Zwischendurch versorgt Hans -etappenweise- Herrn Holz. Er ist noch ganz verschlafen. Er wehrt sich gegen das Waschen der Füße und noch viel heftiger gegen das Waschen der Genitalien. (...)"*
> *[Koch-Straube 2003 S. 213]*

Der Interpretation der dies beobachtenden Forscherin nach, wehrt sich der Bewohner grundsätzlich bei Manipulationen im Genitalbereich, als ob er Angriffe gegen die Integrität seiner Person bekämpfen müsse. Da er der Kriegsgeneration angehört, können hierbei traumatische Ereignisse der Vergangenheit in Betracht gezogen werden, die ihm Anlass zur Selbstverteidigung geben. Gerade die etappenweise Versorgung kann das Empfinden einer gegen den Bewohner gerichteten Angriffssituation verstärken. Schonender hingegen, könnte er eine vollkommene, behutsame Körperwaschung erleben, die ihm das Gefühl einer würdevollen Behandlung gibt.

Abschließend sollen zwei Fälle vorgestellt werden, in denen die Entwürdigungen von einer Krankenschwester ausgehen, die zu der Zeit eine kleines Seniorinnenheim leitet und fast alle Bewohnerinnen beständig quält sowie roh misshandelt. Die Vorfälle hatten sich Anfang bis Mitte der 1970er Jahre in der BRD zugetragen und waren nach Anzeigerstattung eines ehemaligen Heimbewohners gerichtlich verhandelt worden. Dießenbacher und Schüller analysieren die Gerichtsakten für ihre Publikation „Gewalt im Altenheim":

> *„Ich und später die Frau R. (Heimbewohnerinnen, Anm. A. B.) haben die Männer und Frauen auf Anordnung der Schwester zweimal in der Woche baden müssen. Die Männer haben wir von Kopf bis Fuß waschen müssen, das hat mich geekelt."* [Dießenbacher, Schüller 1993 S. 74]

> *„Bemerkenswert war ihr ‚Sexualkundeunterricht': ‚Es waren die Herren, H. (die Täterin, Anm. A. B.) und Frau R. dabei. Die Schwester sagte zu Frau R., sie soll mal das Kleid hochziehen (...) und war dann unten nackt. Sie musste sich nach vorne bücken. Ich habe es mir angesehen, nachdem Schwester H. dies verlangte."* [Dießenbacher, Schüller 1993 S. 74]

Beide Auszüge verdeutlichen die despotische Atmosphäre, die in diesem Seniorinnenheim durch die Täterin, welche als alleinige Führungskraft den Heimbetrieb beherrscht, besteht. Die Bewohnerinnen müssen sich vollständig der Struktur der Einrichtung, vor allem aber dem Willen der Leiterin unterordnen. Sie werden in ihrer Menschenwürde ab dem ersten Tag ihres Aufenthaltes im Heim gedemütigt, Verletzungen des Schamgefühles wiederholen sich nahezu täglich. Allein die Tatsache, dass die Bewohnerinnen die für sie fremden Bewohner waschen und die Männer dies über sich ergehen lassen müssen, stellt eine ausgeprägte Erniedrigung für beide Seiten dar. Die Durchführung des sogenannten Sexualkundeunterrichtes erscheint in hohem Maße schamverletzend und demütigend für alle Beteiligten. Zum einen wird den Personen ein Aufklärungsbedarf zugesprochen, der ohne ausdrücklichen Wunsch des Informationserhaltes jeder Grundlage entbehrt. Zum anderen ist das Gestaltungsmittel als absolut inadäquat anzusehen und verletzt die zum Anschauungsobjekt degradierte Bewohnerin, ebenso wie den zum Beschauen Gezwungenen, tief in der Seele.

7.1.3 Sexuelle Belästigung

Sexuelle Belästigung stellt einen Straftatbestand dar, der eigentlich den Beschäftigten eines Betriebes Schutz vor sexuell orientierten Handlungen durch andere Beschäftigte am Arbeitsplatz bieten soll und ist somit im Beschäftigtenschutzgesetz von 1994 geregelt. Inhaltlich umfasst die sexuelle Belästigung alle sexuell motivierten Berührungen des Körpers, Kommentare oder Aufforderungen sexuellen Inhalts sowie das Zeigen pornografischen Materials, wenn die Zielperson dies erkennbar ablehnt. Zudem zählen auch körperliche Annäherungen im Zusammenhang mit Versprechen, Belohnungen oder Sanktionen zu diesem Tatbestand. [Brockhaus 1998]

Eine Erweiterung dessen auf einen größeren Personenkreis stellt die Straftat gegen die sexuelle Selbstbestimmung im Strafrecht dar, die sogenannte „Überraschende Handlungen" inkludiert. (vgl. Kap. 5.2)

Sexuelle Belästigung beinhaltet keine Schädigungen des Körpers, auch wenn dieser im Mittelpunkt vieler sexualisierter Gewalthandlungen steht. Bezeichnend sind die psychischen Beeinträchtigungen, die zumeist schamgefühl- und würdeverletzender Art sind. Die Abgrenzung zu den Verletzungen der Identität, Würde und des Schamgefühles erscheint dennoch sinnvoll: Der wesentliche Aspekt ist die Handlungsmotivation. In den vorangegangenen Erscheinungsformen und ihren Fallbeispielen hat der Machtfaktor eine tragende Rolle für die Ausübung der Gewalt, er gibt den entscheidenden Handlungsimpuls. Bei der sexuellen Belästigung steht zumeist die sexuelle Motivation im Vordergrund. Zwar kann eine machtvolle Position die Täterin zur Gewaltanwendung forcieren oder die Gewalthandlung ausdehnen, impulsgebend ist jedoch der sexuelle Aspekt.

Eingangs soll ein Bericht erwähnt werden, der von einer Pflegerin eines Seniorinnenheimes anonym im Internet veröffentlicht wurde. Die Webseite „Pflegenetz Forum" bietet zu verschiedenen Themenrubriken der Pflege eine Möglichkeit, mittels Einträgen über Erfahrungen oder Fragen zu bestimmten Problematiken, in den Austausch mit anderen Pflegerinnen zu treten. Der Wahrheitsgehalt kann in solchen Foren nicht überprüft werden. In der Rubrik „Sexuelle Gewalt im Heim" ist nur dieser eine Bericht zu finden; er endet mit den Worten der Autorin, dass sie es schön finde, dass solch ein Forum existiere und sie dies nun einmal erzählen könne. [vgl. Pflegenetz Forum 2004]

> *„Dann eines Abends war eine Bew. (Bewohnerin, Anm. A. B.) die sich lautstark (...) über einen Männl. PK(Altenpflegeschüler) beschwerte (...). Die Bew. Beschuldigte den Ma. (Mitarbeiter, Anm. A. B.) gegen ihren willen an die Brust gefasst zuhaben und obwohl sie sich dagegen werte machte der Ma. Weiter. (...) Vormittag meldete sich einen weitere Bew. (...) konnte aber das Gesehene nicht richtig formulieren.(...) Nach diesem geschehen kam raus das der APS (Altenpflegeschüler, Anm. A. B.) auch Weibl. Ma. (weibliche Mitarbeiterinnen, Anm. A. B.) Belästigt hat."* [Pflegenetz Forum 2004]

Die Pflegerin berichtet von einem Vorgang, der der sexuellen Belästigung zugeordnet werden kann, da der Handlung offenbar eine sexuelle Motivation zu Grunde lag. Der Altenpflegeschüler nutzt die Lage einer widerstandsunfähigen Bewohnerin aus, die pflegebedürftig und dementiell erkrankt ist, um ihre Brüste zu berühren. Dennoch erkennt die Frau die Tat als nicht pflegeüblich und wehrt sich im Rahmen ihrer Möglichkeiten. Eine andere Bewohnerin, die ebenfalls an Demenz erkrankt ist, wird Zeugin des Vorfalles. Nach einem Gespräch zwischen der Heimleitung und dem Altenpflegeschüler ist dieser fristlos entlassen worden. Das Geschehen führte zur Enttabuisierung des Themas der sexuellen Gewalt in dieser Einrichtung und zur Aufdeckung weiterer Fälle sexueller Belästigung durch den ehemaligen Altenpflegeschüler.

Ähnliches ereignet sich in einer orthopädischen Klinik, in der ein junger Auszubildender der Pflege im Pflegeteam die Diskussion über sexuelle Belästigung anregt. Der Fall wird von einem Wissenschaftler dargelegt, der sich in seinem Buch über sexuelle Grenzverletzungen in professionellen Beziehungen speziell deren Ursachen und Folgen widmet:

„Er (hatte, A. B.) den Auftrag, einer älteren bettlägerigen Frau die schmerz-
haften Beine mit einer Salbe einzureiben. Als ihn die Frau wiederholt auffor-
derte, er solle sie doch «weiter oben» einreiben, wagte er niemanden in den
Vorfall einzuweihen, (...) Nachdem er (...) die Begebenheit offen legte, (berich-
teten, A. B.) andere Mitarbeiter und Mitarbeiterinnen (...) von ähnlichen Vor-
fällen (...).“ [Tschan 2005 S. 148]

Es scheint, als ob in dieser Konstellation die Patientin die Unsicherheit und Unerfahrenheit
des jungen Auszubildenden ausnutzt, um ihn zu Handlungen im pflegerischen Kontext zu nö-
tigen, die auf die Berührung ihres Intimbereiches zielen. Allein die wiederholte Aufforderung
zu dieser Tätigkeit ist der sexuellen Belästigung zuzuordnen. Nach anfänglicher Scham des
Auszubildenden schildert er den Vorfall später der Stationsschwester, die daraufhin in einer
Teamsitzung das Thema der sexuellen Belästigung offen anspricht. Auch hier werden dadurch
weitere Erlebnisse anderer Mitarbeiterinnen bekannt und besprochen.

In ihrem Buch über sexuelle Belästigung von Frauen am Arbeitsplatz interviewt Schnock u. a.
eine Krankenschwester, die nachstehendes Erlebnis mit einem Patienten angibt:

„Hm, der Mann war also auch schon älter, also zwo Männer im gleichen Al-
ter, um die fünfzig, und der hat zu mir gesagt, eh: ‚Ei, komm mo zu mir unter
die Decke, dann zeig` ich dir mo, wie gesund ich bin.“ [Schnock 1999 S. 63]

Die Äußerung des Patienten zeugt von einer Demonstration seiner ungebrochenen Potenz
trotz des Krankenhausaufenthaltes, wobei weder die Situation, noch die Ansprechpartnerin
angemessen gewählt sind. Es handelt sich in dieser Konstellation um sexuelle Belästigung
durch die sexuell intendierte Aufforderung. Deutlich wird die Schwierigkeit der Abgrenzung
zu anderen Erscheinungsformen sexueller Gewalt, da die Krankenschwester zum Sexu-
alobjekt degradiert wird, was einer Verletzung ihrer personalen Identität sowie ihrer Würde
gleich kommt. Entscheidend für die Einordnung in eine Erscheinungsform sind das Empfinden und Erleben der Krankenschwester.

Zwei weitere Fälle sind in einer Untersuchung über Konfliktsituationen im Altenheim beschrieben. Die Daten wurden Anfang der 1980er Jahre anhand von Interviews mit Altenpflegerinnen aus Bayern erhoben. Im ersten Fall berichtet eine 21jährige, im zweiten Fall eine
22jährige Altenpflegerin von ihren beruflichen Erlebnissen. Beide Frauen befinden sich zum
Zeitpunkt der Befragung im zweiten Berufsjahr:

„(...) Da hat er sich also vor mich hingesetzt, nackt, und als ich ihn in die Wanne gesetzt hatte, hat er gesagt ,wasch mich mal da unten' (...) ,schau dir das mal an, wie schön ich bin, ist das ein Kerl oder nicht' (...) ,weißt du was Geschlechtsverkehr ist und weißt du was ein Penis ist' und so Zeug halt, so richtig schweinisch (...) je älter sie werden (...) da meinen sie, sie müssten einem mal die Beine rauffahren, und (sagen, A. B.) ,dich täte ich auch noch einmal." [Knobling 1999 S. 214]

„(...) dass er dann onaniert hat, dass er dann eben, und dass er dann Anspielungen macht, na komm, und geh doch rein mit ins Bett (...) wenn man halt dazu kommt (...) dann hält er einen so fest (...) Oder er versucht halt auch einen irgendwie anzulangen oder so." [Knobling 1999 S. 219ff]

In beiden Beschreibungen werden die Erlebnisse sexueller Belästigung deutlich, da die Bewohner zum einen verbal mit Sprüchen und Aufforderungen und zum anderen körperlich durch unerwünschte Berührungen auf die jungen Altenpflegerinnen einwirken. Beide Verhaltensweisen sind primär sexuellen Inhaltes, auch wenn sekundär eine Ausnutzung der beruflichen Unerfahrenheit der Pflegerinnen eine machtstärkende Rolle spielt. Eine Pflegerin äußert zudem, dass sie sich in solchen Situationen „überrumpelt" fühle; eine bessere Vorbereitung, z. B. mittels Gesprächsführung, hätte ihr „kolossal geholfen" [vgl. Knobling 1999 S. 216].

In den abschließenden Darstellungen handelt es sich um Gewalterfahrungen von Bewohnerinnen pflegerischer Institutionen. Die Fälle wurden für die Erarbeitung eines Forschungsberichtes zu sexualisierter Gewalt gegen ältere Menschen am Kriminologischen Forschungsinstitut Niedersachsen in der Literatur eruiert:

„Eine demenzkranke 84jährige Bewohnerin einer stationären Pflegeeinrichtung äußert Dinge, die von Pflegekräften im Sinne sexuellen Missbrauchs durch einen männlichen Pfleger interpretiert werden. Der Verdacht kann weder erhärtet noch ausgeräumt werden (...)." [Görgen, Nägele 2003 S. 35]

„Eine Mitarbeiterin einer Frauenberatungsstelle berichtet, dass die Tochter einer Heimbewohnerin sich nach Andeutungen ihrer Mutter, ,dass da beim Waschen und Säubern, dass sie sich komisch fühlt, dass sie auf ne Art angefasst wird', an die Beratungsstelle gewandt habe. (...) Es sei eindeutig ge-

wesen, dass die von der Mutter berichteten Berührungen nicht Bestandteil üblicher Pflegehandlungen gewesen sein konnten." [Görgen et al. 2005 S. 98]

„Zwei 81- und 84jährige Frauen schilderten der Leitung einer Altenwohnanlage, wie ein 49jähriger Altenpfleger nachts in ihr Zimmer gekommen sei und sie an der Brust angefasst habe. (...)" [Görgen, Nägele 2003 S. 40]

In allen drei Fällen besteht der Verdacht der sexuellen Belästigung an Bewohnerinnen durch Pflegende. Der Tatbestand der sexuellen Belästigung ist jeweils in der unerwünschten und unangemessenen Berührung des Körpers zu finden, die wahrscheinlich sexuell intendiert waren. Neben der pflegerischen Macht sind den Beschreibungen keine weiterführenden Abhängigkeitsverhältnisse oder spezielle Machtpositionen entnehmbar. Die opfergewordenen Frauen der ersten Fälle sind offensichtlich, z. B. wegen einer Demenzerkrankung, nur beschränkt in der Lage, ihre Erlebnisse zu verbalisieren. Dies bezeugt die Schwierigkeit der Aufdeckung sexueller Gewalt bei kranken und pflegebedürftigen Menschen.

Als Konsequenz erfolgt im ersten Fall der Umzug der Bewohnerin in eine andere Einrichtung. Ohne Konsequenzen für die Täterinnen bleibt es im zweiten Fallbeispiel, da die Tochter, mit Rücksicht auf das Schamgefühl ihrer Mutter, ihr keine weiteren Gespräche über die Vorfälle zumuten will. Deswegen sieht sie sowohl von einer Strafanzeige als auch von einer Information der Heimleitung ab; sie möchte sich stattdessen um eine Verlegung ihrer Mutter in eine andere Einrichtung kümmern. Im letzten Beispiel fassen die Bewohnerinnen gemeinsam Mut, um die Heimleitung über den Vorfall zu unterrichten, welche daraufhin Anzeige erstattet. Vor Gericht streitet der Altenpfleger die Vorwürfe ab.

Auffällig ist, dass alle Handlungen der psychischen sexuellen Gewalt mehr oder weniger im Zusammenhang mit personaler Macht erfolgen: Entweder basieren die Geschehnisse auf einem Abhängigkeitsverhältnis, das der gewaltausübenden Person unwillkürlich die Durchführung der Handlungen erleichtert oder diese zumindest nicht verhindert. Oder die Taten erfolgen bewusst auf Grund des Abhängigkeitsverhältnisses, in dem die Täterinnen ihre Pflegemacht benutzen, um diese weiterhin zu verstärken und das Opfer abzuwerten. Die Folgen der psychischen Gewalt für die Opfer werden zumeist erst später mit einer langanhaltenden Wirkung erkennlich.

Die Zuordnung der Fälle zu den einzelnen Erscheinungsformen ist nicht immer klar und ausschließlich möglich. Eine Abgrenzung der Erscheinungsformen voneinander kann zwar definitorisch erfolgen, anhand der Beispiele aus der Praxis stellt sich dies aber als schwierig heraus, da die Fallbeschreibungen aus der Gesamtsituation und den Verhaltensweisen eines oder mehrerer Menschen herausgelöst sind und somit nicht einwandfrei kategorisiert werden können. Letztlich sollte immer die Wirkung der Gewalthandlung aus Sicht der Opfer, hinsichtlich der Form und Schwere der Tat, entscheidend sein.

7.2   Physische sexuelle Gewalt

Die direkte physische Gewalt zielt auf eine Schädigung, Verletzung oder Tötung einer anderen Person ab, die immer offenkundig und größtenteils beabsichtigt ausgeübt wird. Körperliche Gewalt unterliegt meist einem Ursache-Wirkungs-Zusammenhang, d. h. das Resultat kann vorhergesagt werden. Sie ist allgemein benutzbar und muss vom Opfer nicht verstanden werden. Der Einsatz physischer Gewalt führt prinzipiell zu einer Wirkung, da sie auf der grundsätzlichen Verletzung des menschlichen Körpers beruht. Insbesondere bei der sexuellen Gewalt treten neben den sichtbaren Folgen der körperlichen Verletzungen auch psychische Traumata auf. [vgl. Bonacker, Imbusch 2006 S. 86f]

7.2.1 Sexuelle Nötigung

Sexuelle Nötigung ist eine Straftat, die sich gegen die sexuelle Selbstbestimmung eines Menschen richtet; sie ist im Strafgesetzbuch definiert und bildet zusammen mit der Vergewaltigung einen Einheitstatbestand. Unter sexueller Nötigung werden Handlungen sexueller Art verstanden, die unter dem Zwang von schwerwiegenden Drohungen und/oder Gewalt vorgenommen werden. Sexuell erzwungene Taten können Handlungen sein, die das Opfer an sich selbst durch die Täterin oder einer dritten Person zu erdulden hat, sowie Handlungen, die vom Opfer an der Täterin oder einer dritten Person ausgeführt werden sollen. [Brockhaus 1999; Fiedler 2004]

Nachstehende Fälle wurden im Rahmen des Kriminologischen Forschungsberichtes über ältere Menschen als Opfer sexualisierter Gewalt veröffentlicht. Das erste Beispiel entstammt aus einer Reihe von Einzelfalldarstellungen in der Literatur, deren Autorinnen ihre Praxiserfahrungen wiedergeben:

> *„Ein 79jähriger dementiell erkrankter Mann wird in einer gerontopsychiatrischen Klinik gegenüber dem Pflegepersonal sexuell auffällig. In einem Altersheim, in das er später übersiedelt, fallen dem Personal aggressive und zum Teil sexuelle Übergriffe auf." [Görgen, Nägele 2003 S. 35]*

In diesem Beispiel sind zwar keine eindeutigen Handlungsweisen formuliert, die auf eine sexuelle Nötigung schließen lassen, die Umschreibung „sexuelle Übergriffe" kann jedoch Gewalthandlungen inkludieren, die die Opfer an sich selbst dulden müssen oder am Täter vornehmen sollen. Einen Hinweis auf Zwang zur Duldung oder Ausübung der sexuellen Handlungen gibt der Kontext, da der Täter aggressiv übergriffig ist und somit unter Androhung oder Ausführung von Gewalt seine Wünsche durchsetzt. Interessanterweise beendet der Mann sein Aggressionsverhalten, nachdem er eine Beziehung mit einer Bewohnerin eingeht und dem Paar Raum für sexuelle Kontakte seitens des Pflegepersonals gewährt wird. Hierbei zeigt sich, dass die Ursache des aggressiven Verhaltens des Mannes offenbar in der Gefühlsanstauung des Wunsches nach Zärtlichkeit, Körperlichkeit und Intimität lag.

Im zweiten Beispiel erstatten zwei Heimbewohnerinnen Strafanzeige gegen den 62jährigen Inhaber und Leiter eines Seniorinnenheimes in Hessen. Die Frauen sind zu diesem Zeitpunkt 52 und 68 Jahre und bewohnen gemeinsam ein Doppelzimmer in dem Heim:

> *„Die Ältere berichtete, der Heimleiter sei nachts in das Zimmer gekommen, habe sie aufgefordert, mit ins Bad zu kommen, habe ihr an die Brust gegriffen und sie genötigt, ihn manuell zu befriedigen. Aus Angst, ‚dass er mir das Leben zur Hölle macht‘ habe sie sich nicht gewehrt. Sie habe von ihrer Mitbewohnerin erfahren, dass der Heimleiter diese mehrmals in ähnlicher Weise missbraucht habe."* [Görgen, Nägele 2003 S. 40]

Der Tatbestand der sexuellen Nötigung wird in diesem Fall besonders deutlich, da sich die Heimbewohnerin unter einer Drohung gezwungen sieht, die sexuellen Handlungen auszuführen. Offen bleibt, ob der Heimleiter die Drohung direkt vor der Gewalthandlung artikulierte oder bereits im Vorfeld Drohgebärden gegen die Heimbewohnerinnen zeigte. Erkennbar ist, dass der Heimleiter sich u. a. durch das Hilfsmittel der Einschüchterung eine Führungsrolle aufgebaut hat und diese zur Ausübung sexueller Gewalthandlungen nutzt, die wiederum seine Machtposition stärkt. Auf dieser Basis kann von einer sexualisierten Gewalthandlung in Form von sexueller Nötigung gesprochen werden.

Folgende Angabe entstammt aus der Analyse von Gerichtsakten über Fälle von Gewalt im Altenheim. Der Täter ist diesmal ein Krankenpfleger, der zu dem Zeitpunkt Heimleiter eines Altenheimes des Diakonischen Werkes im Wuppertaler Raum ist. Die Beobachtungen sind von Angehörigen gemacht worden, die sich bis spät in die Nacht zur Regelung des Nachlasses im Heim aufhielten. Sie sagten vor Gericht als Zeugen aus:

„Einer (...) Frau hob er den Rock hoch: ‚Komm, laß dich ficken.' (...)" und:

„(...) zwischen 22 und 23 Uhr (...) kam aus einem Zimmer eine ältere Heimbe-
wohnerin (...). Herr B. sprang mit den Worten ‚Komm küß mich, komm küß
mich' auf die Frau zu (...). B. stellte sich vor die Frau, beide Hände an der
Wand, so daß die Frau nicht entweichen konnte. Als ich Herrn B. fragte: ‚Was
machen Sie denn da?' ließ er von der Frau ab." *[Dießenbacher, Schüller*
1993 S. 48]

Dem Hinzukommen und verbalen Eingreifen der Angehörigen ist es, zumindest im zweiten
Fall, zu verdanken, dass es nicht zur Ausführung der geforderten Handlung kam. Somit erleben die Heimbewohnerinnen keine physischen Verletzungen; weil der Täter die Frauen aber
unter einer körperlichen Bedrängung zu Handlungen sexuellen Inhaltes auffordert, können
beide Ereignisse dennoch als sexuelle Nötigung benannt werden. Im Psychogramm des Täters
wird festgestellt, dass er eine ausgeprägte Sucht nach Macht habe, die er durch eigene
Ressourcen sowie speziell angeeignete Hilfsmittel stets vergrößere. Dazu gehören auch
zahlreiche Sexualkontakte mit Frauen, die sich entweder als Praktikantinnen oder Angestellte
in einem Abhängigkeitsverhältnis mit ihm befinden. Die Ausübung sexualisierter Gewalt
gegenüber Bewohnerinnen liegt seinem Gesamtverhalten nicht fern.

7.2.2 Vergewaltigung

Unter Vergewaltigung werden alle Gewalthandlungen verstanden, die eine Penetration des
Körpers beinhalten. So stellt jedes Eindringen in eine natürliche Körperöffnung des Menschen, unter dem Zwang von schwerwiegenden Drohungen und/oder Gewalt, eine Vergewaltigung dar. Dabei ist es gleichbedeutend, ob die Penetration mit einem Körperteil oder einem
Gegenstand erfolgt. Die Vergewaltigung stellt das schwerste Delikt sexueller Gewalt dar und
geht in den meisten Fällen mit Schädigungen und Verletzungen des Körpers einher. [Brock-
haus 1999; Fiedler 2004]

Die folgenden Berichte stellen dar, dass es Fälle sexueller Gewalt in ihrer schwersten Form
gibt, die an kranken und/oder pflegebedürftigen Menschen in Krankenhäusern und Seniorinnenheimen begangen werden.
Als erstes wird eine Vermutung geschildert, auf die der Seniorenschutzbund „Graue Panther"
bei seinen Nachforschungen in einem Altenpflegeheim in Garmisch-Partenkirchen Anfang

der 1990er Jahre stößt. Der Seniorenschutzbund wurde durch eine Bewohnerinnentötung auf das renommierte Altenheim aufmerksam:

> *„(...) in einem Garmischer Pflegeheim habe ein Hilfspfleger über Monate hinweg verwirrte alte Frauen sexuell missbraucht – er habe ihnen unter den Rock gegriffen und sie gar zu oraler Befriedigung genötigt. Die Heimleitung habe dies stillschweigend geduldet bzw. einfach ‚übersehen.“ [Unruh 1991 S. 161]*

Ein weiterer Fall wird im kriminologischen Forschungsbericht von den Wissenschaftlerinnen um Görgen skizziert. Er ist einer von 23 analysierten Medienberichten über Sexualviktimisierung durch Mitarbeiterinnen in stationären Pflegeeinrichtungen:

> *„Im Mai 2004 wird eine männliche Pflegekraft der Medizinischen Hochschule Hannover (...) wegen Vergewaltigung (...) verurteilt. Der 59jährige Mann hatte jeweils im Aufwachraum nach einer Operation eine 33-jährige und eine 68-jährige Patientin vergewaltigt. (...)“ [Görgen et al. 2005 S. 130]*

Im Internet ist folgendes Beispiel aus Australien publiziert, das exemplarisch für weitere Fälle körperlicher und sexueller Gewalt in australischen Pflegeheimen genannt wird. Das Geschehen kommt Anfang 2006 an die Öffentlichkeit und ist der Auslöser für die Bildung einer Kommission mit dem Auftrag, Verdachtsfällen von Gewalt in Seniorinnenheimen in Australien nachzugehen:

> *„(...) a 51-year-old male nurse at the Immanuel Gardens Retirement Village (...) was charged over alleged sexual assaults on a resident. There were also allegations of the rape of a 98-year-old woman in a Victorian nursing home.“ [Franklin 2006]*

Vergewaltigungsfälle aus den USA sind im Forschungsbericht des kriminologischen Forschungsinstitutes Niedersachsen dargestellt. Sie wurden anhand einer Medienanalyse eruiert:

> *„Ein Gericht in Oregon befindet im Juni 2004 eine 23-jährige männliche Pflegekraft mehrfacher Sexualdelikte an drei demenzkranken Heimbewohnerinnen (63, 82 und 88 Jahre) für schuldig. Der Pfleger habe mit den Opfern oralen und vaginalen Geschlechtsverkehr gehabt und sie an den Brüsten sowie im Genitalbereich berührt. Die Taten ereigneten sich (...) im Nachtdienst. Die*

Opfer konnten (...) nicht als Zeuginnen vernommen werden. (...)" [Görgen et al. 2005 S. 129]

„Zu lebenslänglicher Haft wurde ein 63jähriger Pflegehelfer verurteilt, der in einer Pflegeabteilung eines Krankenhauses in Nevada innerhalb weniger Monate mehrere ältere Frauen sexuell belästigt und misshandelt hatte. Eine 90jährige bettlägerige dementiell erkrankte Frau wurde von ihm vergewaltigt. (...)" [Görgen, Nägele 2003 S. 40]

„Ein 62jähriger Pfleger wurde in einem Pflegeheim in St. Louis, Missouri, dabei beobachtet, wie er sexuellen Kontakt zu einer 72jährigen an Alzheimer erkrankten Heimbewohnerin hatte. Der Pfleger sagte aus, dass die Frau in den Sexualkontakt eingewilligt habe; die Frau war nicht aussagefähig. (...)" [Görgen, Nägele 2003 S. 40]

Außer im australischen Beispiel ist auffallend, dass alle Täter sich möglichst widerstandsunfähige Frauen zur Viktimisierung auswählen. Die Bewohnerinnen sind verwirrt oder dementiell erkrankt und dadurch weder in der Lage, die Situation adäquat zu erfassen, um bspw. für Hilfe zu sorgen, noch können sie danach das Erlebnis artikulieren oder die Tat einwandfrei und nachvollziehbar bezeugen. Ähnlich verhält es sich mit der Reaktionsfähigkeit der anästhesiologischen Patientinnen, da sie im postoperativen Zustand unter dem Einfluss von bewusstseinseinschränkenden Narkotika stehen.

Die letzten beiden Fälle sind ebenfalls in dem auf Medienanalyse basierenden kriminologischen Forschungsbericht dargestellt. Sie schildern Vergewaltigungen durch Pfleger, deren Opfer Frauen und Männer sind:

„Im November 2003 wird bekannt (...), dass ein 36-jähriger Pfleger im September 2003 einen 77-jährigen männlichen Alzheimer-Patienten vergewaltigt und im Juli und August eine 68-jährige Heimbewohnerin sexuell angegriffen hatte. Die Mitarbeiter hatten es unterlassen, den Vorfall zu melden. (...)" [Görgen et al. 2005 S. 129f]

„(...) Sie berichtet, dass sie ein mit zwei männlichen Bewohnern belegtes Zimmer betrat und dort den Kollegen mit heruntergelassener Hose am Bett eines Bewohners stehend antraf. Der Pfleger habe eilig seine Hose hochgezogen.

Kurz darauf habe die Pflegerin abermals das besagte Zimmer betreten und ih-
ren Kollegen beim Analverkehr mit einem (...) Heimbewohner angetroffen.
(...)" [Görgen, Nägele 2003 S. 40]

Obwohl in allen Vergewaltigungsfällen keine Folgen auf Grund der Gewalterfahrungen für die Opfer beschrieben sind, kann davon ausgegangen werden, dass aus den Handlungen körperliche Schädigungen und Verletzungen resultierten. Diese müssen jedoch nicht schwerwiegender Art sein, da die Heimbewohnerinnen und Patientinnen zu einem großen Teil wegen ihrer Erkrankungen unfähig zur Abwehr sind, und die Täter somit ohne erhebliche Gewaltanwendung die Sexualstraftat ausführen können.

Gravierender sind vermutlich die psychischen Traumata, die durch eine langanhaltende Wirkung charakterisiert sind. Nicht selten kommt es nach schweren sexuellen Gewalterlebnissen zu einer umfassenden Verschlechterung des körperlichen und seelischen Zustandes der Bewohnerin oder Patientin, die teilweise bis zu deren Tod führt. Auch Suizide in Seniorinnennenheimen stehen gelegentlich in einem Zusammenhang mit ebensolchen Erlebnissen, insbesondere, wenn die Viktimisierung Menschen trifft, die schon einmal in ihrem Leben sexuell traumatisiert wurden. Die erneute Begegnung mit sexueller und sexualisierter Gewalt können sie seelisch nicht mehr bewältigen; im Selbstmord sehen sie die einzige Möglichkeit für sich, der wiederkehrenden Gewalt zu entgehen. Vergleichbare Fälle aus der Literatur, in denen die Täterinnen Ärztinnen, Hausmeisterinnen, Laborantinnen, Röntgenassistentinnen, am häufigsten jedoch Mitbewohnerinnen der Opfer sind, beschreiben vereinzelt Sexualviktimisierungen mit mittelbarer oder unmittelbarer Todesfolge [vgl. Görgen, Nägele 2003; Görgen et al. 2005; Tschan 2005].

Die Fallbeispiele belegen das Auftreten sexueller und sexualisierter Gewalt in der Pflege in unterschiedlichen Formen und Zusammenhängen. Die Auswahl der Opfer durch die Täterinnen scheint sich am Grad der Widerstands- und Einwilligungsfähigkeit zu orientieren: Je eingeschränkter die Bewohnerinnen und Patientinnen in dieser Hinsicht wirken, desto einfacher erscheint es, sie zu viktimisieren. Widerstand und Abwehr während der Tat sind dann ebenso wenig zu erwarten, wie die Artikulation des Geschehens im Nachhinein.
Die Aufdeckung von Sexualstraftaten im pflegerischen Kontext stellt demnach eine besondere Schwierigkeit dar, weil die zumeist psychisch erkrankten Patientinnen und Bewohnerinnen nicht in der Lage sind, ihre Erlebnisse zu artikulieren. Gleichzeitig bedeutet eine, mit verminderter Abwehr verbundene, geringe körperliche Gewaltanwendung zur Ausübung der Sexual-

straftat auch eine geringe Schädigung des Körpers, weshalb die Gewalterlebnisse durch andere Personen nicht offensichtlich und schwierig zu identifizieren sind. Denkwürdig ist, dass in zwei der dargestellten Fälle die Kolleginnen bzw. die Heimleitung von den Gewalthandlungen wissen, sie jedoch ignorieren und dadurch den Täter gewähren lassen oder ihn gar bestärken. Die Aufdeckung der Geschehnisse wird umso schwieriger, je mehr Menschen das Verhalten der Täterin bagatellisieren und dadurch legitimieren.

Zudem verdeutlichen die Fallbeispiele, dass sowohl Männer als auch Frauen Täter und Täterinnen sexueller Gewalthandlungen in der Pflege sind; Gewaltdelikte physischer Art werden überwiegend von Tätern ausgeübt. Im Gegensatz dazu sind die Opfer der Sexualdelikte größtenteils Frauen, obwohl davon auszugehen ist, dass in Krankenhäusern der Geschlechteranteil zwischen Patientinnen und Patienten ausgeglichen ist und nur in Seniorinnenheimen mehr Bewohnerinnen als Bewohner leben. Dies unterstützt insbesondere feministische Theorien zur sexuellen und sexualisierten Gewalt, die beinhalten, dass Frauen generell häufiger Opfer von Sexualdelikten werden als Männer. Als Grund ist auch in diesem Kontext der Machtfaktor zwischen den Geschlechtern zu benennen. Er bezieht sich hierbei speziell auf die Rollenerwartungen und das -verhalten der beteiligten Personen. Das heißt, dass insbesondere männliche Patienten Pflegerinnen nach wie vor als „willige und gefügige Gespielinnen" ansehen, und dass Frauen mit Eintritt in eine Institution sozialisierterweise „ihre" Rollen als gefällige und ehrfurchtsvolle Patientinnen/Bewohnerinnen einnehmen.

8   Auswirkungen und Folgen für die Betroffenen sexueller Gewalt

Die Literatur zu den Auswirkungen und Folgen für Opfer sexueller Gewalt zeigt, dass es keine wesentlichen Unterschiede für opfergewordene Pflegerinnen oder Patientinnen/Bewohnerinnen gibt. Das Erleben sexueller oder sexualisierter Gewalthandlungen kann bei beiden Opfergruppen sowohl analoge Auswirkungen, unter denen Gefühle, Wahrnehmungen und Empfindungen verstanden werden, als auch ähnliche Folgen, die sich auf Verhaltensänderungen beziehen, hervorrufen. Unterschiede in Ausprägung und Intensität derer beruhen auf vorangegangenen Erlebnissen, biografischen Erfahrungen, derzeitigen Lebensumständen, Kenntnissen über Bewältigungsmechanismen sowie Möglichkeiten, diese anzuwenden, und weiteren individuellen Faktoren.

Die Mehrheit der Betroffenen empfindet nach einem gewalttätigen Ereignis Schuldgefühle, die unterschiedlicher Dimension sein können: Entweder werfen sie sich selbst falsches oder nachlässiges Handeln in der Ereignissituation vor oder sie weisen sich die komplette Schuld zu, indem sie Ursachen und Erklärungen suchen, die einen Fehler bei sich selbst bestätigen. Auch die aussichtslose Suche nach der Antwort auf die Frage, warum gerade sie Opfer geworden seien, kann dazugehören. Soziale Rollenerwartungen tragen wesentlich zur Entstehung und Aufrechterhaltung von Schuldgefühlen bei: Insbesondere ältere Frauen, die ein konservatives Frauenbild verinnerlicht haben, kennen u. U. nur den veralteten Standpunkt der Mitschuldigkeit der Frau durch aufreizendes Äußeres oder Verhalten. Um weiterhin in einer sozialen Gemeinschaft leben zu können, deren Verhaltensgrundlage ebensolche Denkmuster bilden, kann es dem Opfer notwendig erscheinen, eigene Schuldgefühle aufzubauen und das von ihrer Umwelt erwartete Verhalten zu zeigen. Eine andere Rollenerwartung besteht an die professionelle Pflegerin, der das Vertrauen entgegengebracht wird, dass sie ihre Tätigkeit nach bestem Wissen und Gewissen ausübt. Sie dokumentiert ihre Arbeit und wird von anderen Instanzen kontrolliert. Aus der Sicht des Opfers kann daher die Schuld nur bei sich selbst liegen.

Umgekehrt existiert bei Pflegerinnen das Bild von hilflosen Zu-Pflegenden, die an Erkrankungen oder unter ihrer zunehmenden Pflegebedürftigkeit leiden und sich deshalb nicht mehr angemessen verhalten können. So kann aus Sicht der Pflegenden die Schuld auch nur bei ihnen selbst liegen, da die Zu-Pflegenden, in diesem Fall die Täterinnen, nicht für ihre Situation und somit für ihre Handlungen verantwortlich sind. [Tschan 2005]

Opfer, die keine Möglichkeiten kennen oder haben, ihre Erfahrungen zu thematisieren und zu verarbeiten, können schwere Stimmungsschwankungen erleiden, die sehr plötzlichen und emotionalen Charakters sind. Reaktionen solcher Art geschehen für andere Menschen ohne ersichtlichen Grund und führen zu Missverständnissen und Verunsicherungen in der sozialen Interaktion. Als Folgen können Einschränkungen bis zum Abbruch sozialer Bindungen, familiäre Zerwürfnisse, Verlust der Arbeitsfähigkeit, chronische und somatische gynäkologische Erkrankungen, medikamentöse Fehlbehandlungen oder Suchtkrankheiten auftreten.

Bewohnerinnen und Patientinnen können durch Gewalterfahrungen ihr Vertrauen entweder in die emphatische, ggf. intime Pflegebeziehung, die schützende Pflegeeinrichtung als Wohnort oder gesundheitsfördernde und -wiederherstellende Stätte verlieren. Seitens der Pflegerinnen kann das Vertrauen in den sachlichen Arbeitsplatz und die schützende Funktion als beruflich Tätige erschüttert werden. Insbesondere bei sexueller Gewalt führt ein Vertrauensverlust häufig zu einer allgemeinen geschlechterbezogenen Verhaltensänderung, die eine distanzierte Haltung bis zur Ablehnung gegenüber aller Menschen des Täterin-Geschlechtes impliziert. Darüber hinaus ist es möglich, dass sich Menschen mit sexuellen Gewalterfahrungen in ein Leben ohne Sexualität zurückziehen, weil z. B. sexuelle Empfindungen blockiert sind, oder sie durch die gestörte geschlechtliche Identität versuchen, ihr Äußeres zu einer neutralen Geschlechtsform in ihrem Sinne umzugestalten.

Bei nichtbewältigten Erlebnissen kann es zur sozialen Isolation auf Grund des Vertrauensverlustes kommen, welche depressive Elemente im Sinne von Energie- und Interessenlosigkeit, Enttäuschung, Traurigkeit, Antriebsarmut und Infragestellen des Lebens oder der beruflichen Tätigkeit inne haben kann. [Tschan 2005]

Empirische Belege finden sich diesbezüglich in einer Studie zu „Gewalt und Aggression gegen Pflegekräfte", die verdeutlicht, dass annähernd 50% der befragten Pflegepersonen teilweise bis völlig enttäuscht sowie 30% teilweise bis völlig traurig auf Grund von Gewalt durch Patienten und Patientinnen sind. [Gräske 2005]

Demnach erlebt die Hälfte der Pflegerinnen Gefühle der Enttäuschung, knapp ein Drittel geben Traurigkeitsempfinden nach erfahrener Gewalt an. Diese hohen Prozentsätze scheinen bedenklich, weil Enttäuschung und Traurigkeit unter anderem zu einem sozialen Rückzug bis zur Isolation führen können und damit depressiven Erkrankungen Vorschub leisten.

Des Weiteren steht Depression aber auch in einem Zusammenhang mit der Gelernten Hilflosigkeit. Letztere entsteht, wenn eine Person lernt, dass ihre Handlungen unabhängig von der

Konsequenz sind und die Erwartungen, die zum Handeln motivieren, unerfüllt bleiben. Ein zum ersten Mal erlebtes Trauma führt zu einer gesteigerten emotionalen Erregung, die als Angst und Ärger umschrieben werden kann. Diese haben eine motivierende Funktion, welche die Suche nach effektiven Reaktionsmöglichkeiten aufrechterhält. Daraus resultieren zwei Verhaltensmöglichkeiten: Entweder lernt die Person, wie sie die traumatischen Bedingungen kontrollieren kann, die Angst verliert ihren Sinn, lässt nach und kann völlig verschwinden. Oder sie lernt, dass die traumatischen Bedingungen unkontrollierbar sind, die Angst verliert ebenfalls ihre Funktion und wird von Symptomen einer Depression überlagert. Die Abwehr weicht dem Zustand der Hilflosigkeit und bringt auf der Verhaltensebene eine umfangreiche Passivität zum Vorschein. [Seligmann 1999]

Die Theorie der gelernten Hilflosigkeit zeigt, dass Antriebsarmut, Demotivation und ein destruktives Selbstbild als Symptome der Depression auf beiden Seiten der Pflegebeziehung als Folge eines oder mehrerer Gewalterlebnisse auftreten können. Im Zentrum stehen die pflegerischen Handlungen, die zu einer kongruenten und empathischen pflegerischen Beziehung führen sollen. Durch (sexuelle) Gewalthandlungen wird das Erreichen des Pflegezieles jedoch abgebrochen und alle bisherigen Bemühungen bleiben ohne Konsequenz.

Diesbezüglich erscheint der Aspekt interessant, dass über 80% der befragten Pflegekräfte o. g. Studie teilweise bis vollkommenen Ärger durch erlebte Gewalthandlungen empfinden. Hinzu kommen knapp 25% der Befragten, die angeben, teilweise bis konkrete Angst nach Gewalterfahrungen im pflegerischen Kontext zu haben. [Gräske 2005]

Das Vorhandensein von Angst und Ärger bedeutet eine gesteigerte Gefühlserregung, aus der u. U. eine Gelernte Hilflosigkeit entstehen kann. Aus den Ergebnissen lässt sich schließen, dass bei einem Teil der Pflegenden die Gefahr besteht, hilflos im Sinne der Gelernten Hilflosigkeit zu werden und folglich an Depressionen oder dem Burnout-Syndrom zu erkranken.

9 Handlungsansätze zur Vermeidung und Beendigung sexueller Gewalt in der Pflege

Ansatzpunkte zur Vermeidung sexueller Gewalt in pflegerischen Einrichtungen liegen sowohl bei den Pflegerinnen als auch bei den Patientinnen und Bewohnerinnen. Beide Personengruppen verbringen eine bestimmte Zeit ihres Lebens in einer Institution, deren Struktur sie sich in ihren Tätigkeiten zu Gunsten eines reibungslosen Verlaufes anpassen. Aus diesem Grund werden im folgenden Kapitel überwiegend Handlungsansätze aufgezeigt, die in der Verantwortung der Führungs- und Leitungspersonen stehen, weil es ihnen obliegt, Strukturen zu verändern und dadurch eine Basis zum konstruktiven Miteinander zu schaffen.

9.1 Prävention sexueller Gewalt in pflegerischen Einrichtungen

Vorbeugungsmaßnahmen sexueller Gewalt in der Pflege sind hauptsächlich in den allgemeinen Aspekten der Gewaltprophylaxe zu finden. Sie basieren hauptsächlich auf der beruflichen Zufriedenheit, einer transparenten Organisationsstruktur und angemessenen Arbeitsbedingungen, die sich wiederum auf die Pflegebeziehung auswirken. Im Folgenden werden Präventionsmaßnahmen vorgestellt, die teilweise bereits Anerkennung durch die Pflegenden finden und deshalb von hohem Nutzen für die Gewaltlosigkeit sind.

9.1.1 Thematisierung und Sensibilisierung

Sexualität, Aggressionen, Macht und Gewalt im pflegerischen Kontext stellen nach wie vor in unserer Gesellschaft sowie bei einem Großteil der Pflegerinnen Tabuthemen dar. Erste Schritte zur Bewusstmachung und Auseinandersetzung mit diesen Aspekten in der Pflege leitete die Pflegeforschung ein, die solche Themen als Problematik erkannte und zum Forschungsgegenstand erklärte. Die gewonnenen Erkenntnisse der Pflegeforschung fließen inhaltlich und didaktisch in die Ausbildung der Gesundheits- und (Kinder-)Krankenpflegerinnen ein. Seit der Novellierung des Krankenpflegegesetzes im Jahre 2004 erfolgt die Theorievermittlung nicht mehr nach Fächern geordnet, sondern nach der Methode des Problemorientierten Lernens, welche die Sicht auf die Ganzheitlichkeit des Menschen lenkt. Auf dieser Grundlage findet bspw. Sexualität als Grundbedürfnis eines jeden Menschen Eingang in diverse Pflegesituationen. Der Umgang mit Krisen- und Konfliktsituationen, zu denen Aspekte der Macht, Gewalt und Aggression gehören, soll, so gesetzlich vorgeschrieben, in einem eigenen Themenbereich gelehrt und bearbeitet werden. [Vereinte Dienstleistungsgewerkschaft 2004]

Unverändert bleibt hingegen die Situation der Pflegerinnen, die seit vielen Jahren im Krankenhaus oder Seniorinnenheim tätig sind. Die meisten von ihnen kamen weder in ihrer Ausbildung, noch in nachfolgenden Fortbildungsveranstaltungen mit den Themen Sexualität und Gewalt in der Pflege in Berührung, weshalb bis heute eine Tabuisierung dessen in der pflegerischen Praxis beständig ist.

An dieser Stelle ist es Aufgabe des Pflegemanagements, Pflegerinnen gezielt durch interne oder externe Fortbildungen aktuelle Erkenntnisse über Alters-/Sexualität und Gewalt in ihren Zusammenhängen zukommen zu lassen. Darüber hinaus sollte diese Thematik regelmäßig Einzug in pflegerische Instrumente, wie bspw. Pflegevisite, Pflegeplanung oder Fallbesprechung, halten. Gleiches gilt für Bewohnerinnen und Patientinnen, die ebenfalls mittels Informationsveranstaltungen, über eine Klinik-/Heimzeitschrift oder ein sozialpädagogisches Sprechzeitenbüro erreicht werden können [Buchinger 2004].

Die Initiierung und Durchführung einer solchen Aufklärungsarbeit kann zum einen, durch die Erweiterung des Kenntnisstandes beider Personengruppen, zum Abbau situativer Umgangsschwierigkeiten führen und die Wahrnehmung von Anzeichen sexueller Gewalthandlungen ausbilden. Daneben fördert sie eine Ideenentwicklung zur Realisierung von Sexualbedürfnissen der Patientinnen/Bewohnerinnen und damit den Aggressionsabbau innerhalb der Station oder des Wohnbereiches. Zum anderen kann eine Akzeptanz unterschiedlicher Lebensentwürfe partnerinnenschaftlicher Gemeinschaft, das Erlernen verschiedener Bewältigungsstrategien und Kennenlernen von Belastungsgrenzen sowie eine Enttabuisierung von Sexualität, Aggressionen, Macht und Gewalt auf Dauer erzielt werden.

Darüber hinaus müssen Informationsveranstaltungen, Fort- und Weiterbildungen nicht nur dazu dienen, neue Kenntnisse zu erwerben. Qualitativ hochwertig methodisch aufbereitete Referate können in den herkömmlichsten Themen Aussagen und Appelle enthalten, die für eine bestimmte Problematik sensibilisieren oder unbewusst zum Nachdenken anregen, was sich wiederum nachhaltig im Umgang mit anderen Menschen in Alltag und Beruf auswirken kann.

9.1.2 Niedrigschwellige Gesprächsangebote

Pflegerische Tätigkeiten zwischen Patientinnen/Bewohnerinnen und Pflegenden, die Arbeit innerhalb eines Pflegeteams sowie die Zusammenarbeit mit anderen Berufsgruppen in einer Einrichtung stellen Prozesse verbal und nonverbal kommunikativen Handelns dar. Kommunikationsstörungen beeinträchtigen die Beziehungen negativ, woraus nicht aufeinander abgestimmte Verhaltensweisen resultieren und Aggressionen hervorgerufen werden können. Gründe für Kommunikationsstörungen liegen, neben privaten Auseinandersetzungen, oftmals in fehlenden Informationen über Vorhaben, Aufgaben, Interessen, Probleme und Ziele der

Kommunikationspartnerin, die den Weg zu Fehlinterpretationen, Spannungen und Missverständnissen weisen. [Ruthemann 1993]

Als relativ unkomplizierter Lösungsweg erscheint die Einführung turnusmäßiger Teambesprechungen, in denen zum einen aktuelle und erwünschte Themen gemeinsam bearbeitet sowie die Arbeitszufriedenheit mittels Fragebögen o. ä. erfasst werden können. Zum anderen bieten sie eine Möglichkeit des Austausches über Wünsche, Bedürfnisse, Belastungsfaktoren oder anstehende Projekte und geben Raum für Feedbackrunden, Aussprachen bei Spannungen und können helfen, Vorurteile und Differenzen abzubauen.

Im Mittelpunkt einer Teambesprechung kann zusätzlich die Fallbearbeitung einer Bewohnerin oder Patientin stehen. Bei auftretenden Schwierigkeiten im Umgang mit Zu-Pflegenden auf Grund verbaler Anzüglichkeiten, un- oder missverständlicher Einstellungen und belästigender Verhaltensweisen soll durch den Austausch der unterschiedlichen Wahrnehmungen ein objektives und differenziertes Verständnis gefördert sowie mittels Brainstorming Ideen zur Erklärung oder Lösung zusammengetragen werden. Zur Bewältigung teamübergreifender Problematiken kann darüber hinaus das Hinzuziehen von Vertreterinnen anderer Berufsgruppen, des Heimbeirates oder der Patientinnenvertretung angestrebt werden. [Buchinger 2004]

Ergebnisse der Teambesprechungen können zusätzlich als Ideen- und Handlungsstütze schriftlich fixiert werden; ausschlaggebend für die weitere Arbeit ist die mittels der Besprechung erreichte Information und eine Stärkung der Kommunikationskompetenz der Pflegerinnen.

Den Rahmen für ein Ansprechen von Verdachtsmomenten oder persönlichen Gefühlsimpulsen hinsichtlich sexueller Gewalthandlungen seitens einer Pflegerin stellen Teambesprechungen in der Regel nicht dar. Beobachtungen von oder Vermutungen über Gewalthandlungen durch eine Person aus der eigenen Einrichtung, Berufsgruppe oder gar dem eigenen Pflegeteam zu thematisieren, fallen in einen besonders sensiblen Bereich der Kommunikation. Äußerungen solcher Art sind oft mit Befürchtungen des Denunzierens, Spionierens, der Wahrnehmungstäuschung und Verunglimpfung einer anderen Person behaftet und bedürfen deshalb spezieller Voraussetzungen für ein Gespräch. Hierfür ist es notwendig, dass für das Pflegepersonal immer die Möglichkeit besteht, ein Gespräch mit einer Führungs- oder Leitungsperson vereinbaren und führen zu können. Voraussetzungen dafür sind das Wissen um eine aufgeschlossene, vertrauensvolle und diskrete Gesprächsatmosphäre sowie ein unproblematischer Zugang zur gewünschten Gesprächspartnerin.

Gleiches gilt auch für Patientinnen oder Bewohnerinnen, die ebensolcher Gesprächsvoraussetzungen bedürfen. Sie zeigen zwar keine Kollegin an, können aber, auf Grund der institutionellen Abhängigkeit, in der sie sich befinden, ähnliche Befürchtungen bei Darlegung ihrer Vermutungen haben.

Die Leitungsperson oder Vertreterin des Heimbeirates kann für solche Unterredungen das Kommunikationsmittel des Helfenden Gespräches nutzen, das eigens der Problembearbeitung dient. Die Rollen sind hierbei ungleich verteilt, d. h., dass die Führungsperson die Rolle der Helferin annimmt, dabei die eigenen Wünsche und Probleme komplett beiseite stellt und so der Gesprächspartnerin eine Atmosphäre bietet, in der sie sich einem Redefluss hingeben kann ohne Rücksicht auf die Regeln der dialogischen Kommunikation nehmen zu müssen. Die Helferin wirkt unterstützend und tragend durch das aktive Zuhören, welches bedeutet, dass sie auf einer tieferen Ebene versteht, was die Pflegerin, Bewohnerin oder Patientin sagt und meint. Unterbrechungen des Monologes erfolgen nur durch Verständnisfragen, um ein einheitliches Verstehen der Problematik zu forcieren. [Ruthemann 1993]

Das Helfende Gespräch unterstützt in dieser Konstellation einen Vertrauenszuwachs und ein Gefühl des Ernstgenommenseins, so dass möglichst viele Informationen dargelegt werden. Diese können ein umfassendes Bild der Problematik ergeben und ermöglichen nun den Gesprächspartnerinnen Überlegungen zu weiterführenden Maßnahmen.

9.1.3 Einführung professioneller Kommunikation

Führen die erwähnten Gesprächsmöglichkeiten nicht zur Lösung eines Problemes oder zur Verbesserung innerteamlicher Kommunikationsstrukturen, auf Grund tiefgreifender und über einen längeren Zeitraum existenter Beziehungskonflikte zwischen den Pflegenden, ist es ratsam, eine professionelle Kommunikationshilfe einzubeziehen. Unter den verschiedenen Kommunikationsmodellen eignet sich für die Pflege die Supervision, die in der Form der Teamsupervision am häufigsten zur Anwendung kommt.

Teamsupervision ist eine arbeitsfeldbezogene und aufgabenorientierte Beratung der Berufstätigkeit für Mitarbeiterinnen und Führungskräfte einer Berufsgruppe. Sie bezieht sich auf die Reflektion fachlicher, sozialer und institutioneller Zusammenhänge, auf die Weiterentwicklung persönlicher Fähigkeiten der zu beratenden Personen und beschäftigt sich mit den zwischenmenschlichen Beziehungen im beruflichen Kontext. Es gilt herauszufinden, welche interpersonellen Faktoren in der Beziehung zwischen den Pflegerinnen bzw. Patientinnen/Bewohnerinnen konstruktiv und kommunikativ sind sowie, welche Faktoren Störungen oder Blockaden hervorrufen.

Die reflektierende Analyse des beruflichen Handelns und Erlebens jeder Supervisandin steht im Mittelpunkt und befähigt sie zur Selbstveränderung und Aktivierung ihrer Fähigkeiten. Alle Teilnehmerinnen sollten um größtmögliche Selbstöffnung und Introspektion bestrebt sein. Konfliktsituationen sollen analysiert, Alternativen diskutiert und ein verändertes Problemlösungsverhalten generiert werden; dabei können auch sich zeigende innerseelische Konflikte fühlbar gemacht und aufgearbeitet werden. Zuletzt darf die Auseinandersetzung mit allen Teilnehmerinnen nicht umgangen werden, da sich hieraus interpersonelle Konflikte in der Gruppe ergeben oder zuspitzen könnten.

Ziele der Supervision sind erstens die Bearbeitung aktueller Konfliktlagen am Arbeitsplatz zwischen Mitarbeiterinnen, Zu-Pflegenden und/oder den Führungspersonen auf den Ebenen der Kommunikation und Kooperation. Zweitens zielt die Supervision darauf ab, Mitarbeiterinnen wieder zu befähigen, ihre Aufgaben und Ziele effizienzsteigernd zu realisieren und an dritter Stelle können ebenfalls qualifizierende Aspekte der Fort- und Weiterbildung von Mitarbeiterinnen einfließen. [Müller et al. 2005]

Die Gewaltprävention besteht hierbei nicht nur in der Konfliktlösung und einhergehender Aggressionshemmung, sondern vor allem in der Definition, Hinterfragung und eventueller Neuordnung von Rollen und Positionen, was eine Verschiebung und gerechtere Verteilung von Macht zur Folge haben kann. Durch eine gleichmäßigere Verteilung der Pflege- und Aktionsmacht verringert sich die Gefahr einer Ressourcenallokation, die zu einem enthemmten Aggressionsverhalten oder einer gefühlten Ohnmacht, die Gewalthandlungen zur eigenen Wertsteigerung auslösen kann, führen kann.

9.1.4 Öffnung der Organisations- und Institutionsstrukturen

Eine wichtige Maßnahme der Gewaltvorbeugung in Institutionen stellt die Erleichterung der Arbeitsstrukturen für die Mitarbeiterinnen dar. Als Erstes kommt die Methode der Organisationsentwicklung in Betracht, die zur Veränderung von strukturellen, inhaltlichen und sozialen Rahmenbedingungen beiträgt. Wesentlich erscheint hierbei, dass der Veränderungsprozess von den Mitarbeiterinnen selbst durch Erkennen und Aufgreifen vorhandener Probleme initiiert und mittels Ideenentwicklung, Entscheidung, Umsetzung und Evaluation durchgeführt wird. Die Führungs- und Leitungspersonen unterstützen die Organisationsentwicklung durch Gewährung teilautonomer Arbeitsgruppen. Diese setzen sich idealerweise aus Mitarbeiterinnen verschiedener Fachgebiete oder Berufe der Einrichtung sowie einer externen Leiterin zusammen. Teilautonome Gruppen erhalten eine problemorientierte Handlungs- und Entscheidungsbefugnis und agieren somit in diesem Bereich selbständig und unabhängig von institutionellen Vorgaben. Sämtliche Regelungen, wie z. B. Arbeitszeiten, Vorgehensweisen, Aufgabenteilung oder Funktionszuweisungen, werden von der Gruppe selbst ausgehandelt; Entscheidungen der übergeordneten Leitung gibt es nicht oder nur in sehr begrenztem Umfang. Die Erträge der Organisationsentwicklung mittels teilautonomer

Gruppen liegen für die Mitarbeiterinnen vor allem in der abwechslungsreichen Tätigkeit, Übernahme von Verantwortung, Möglichkeit der Veränderung und Teilhabe an organisatorischen Prozessen. Neben wirtschaftlichen Nutzen sind für die Institution die Steigerung der Arbeitszufriedenheit, Erweiterung der Kommunikations- und Handlungskompetenz sowie die teilhabende Problemlösung der Mitarbeiterinnen vorteilhaft. Diese Faktoren tragen wesentlich zum Abbau von Stressoren, Erfolgsunsicherheiten und Über- bzw. Unterforderung bei, die wiederum Auslöser destruktiver, frustrierender und aggressiver Gefühle und Handlungen sein können. [Ruthemann 1993]

Wichtig ist zudem, den Mitarbeiterinnen, die nicht in Arbeitsgruppen tätig sind, ebenfalls Beachtung zu schenken, so dass sie sich weder ausgegrenzt noch minderwertig fühlen. So muss bspw. für einen reibungslosen Betriebsablauf mit Zusatzpersonal auf Grund der Verhinderung von in Organisationsentwicklung tätigen Mitarbeiterinnen, die für diese Zeit freigestellt sind, gesorgt werden. Zudem sollten regelmäßig Informationen über die Arbeit für alle Mitarbeiterinnen herausgegeben und Anerkennungen nicht nur Einzelnen ausgesprochen werden.

Als Zweites ist die Erweiterung des Handlungsspielraumes für Patientinnen/Bewohnerinnen und Pflegende von großer Bedeutung. Es ist unumgänglich, dass es für Menschen, die sich vorübergehend oder länger in eine Einrichtung begeben müssen, Einschränkungen in ihrer persönlichen Freiheit durch die strukturellen Konstellationen geben wird. Dennoch ist es möglich und nötig, an diesen Strukturen Veränderungen vorzunehmen, um die Selbständigkeit weniger zu beschränken oder gar neue Handlungsmöglichkeiten zu schaffen. Handlungsspielräume für Patientinnen und Bewohnerinnen ergeben sich aus allen Grundbedürfnissen eines Menschen und benötigen oftmals lediglich Kreativität sowie institutionell-kulturelle Legitimation. Mit Blick auf die sexuelle Gewalt oder Belästigung scheinen, neben einem generell offenem Umgang mit Sexualität, Gelegenheiten des Doppelzimmerbezuges von Paaren, Auslagen von „Bitte-nicht-stören"-Schildern für die Zimmertüren oder gar Vermittlungen von sexueller Assistenz als Ideen, deren Umsetzung den Handlungsspielraum bezüglich des Erlebens von Sinnlichkeit und Zärtlichkeit ausdehnen würde. Die Möglichkeit, dass sich sexuelle Wünsche anstauen und nicht adressatinnengerecht sowie zeitlich, situativ und örtlich inadäquat ausgetragen werden, verringerte sich vermutlich; das Bewusstsein zur eigenen Körperkontrolle und zu Handlungsentscheidungen könnte sich entfalten. [Ruthemann 1993, Grond 2001]

Erweiterte Handlungsspielräume für Pflegerinnen sind nicht nur bei der Tätigkeit in teilautonomen Arbeitsgruppen, sondern auch in den regulären pflegerischen Aktivitäten erstrebenswert. Dies setzt ebenso Einfallsreichtum und Gestaltungskraft voraus, da sich pflegerische Maßnahmen an Pflegestandards orientieren, die es zu beachten gilt. Gleichwohl könnten neue

Wege in Arbeitsorganisation und Ablauf, z. B. unter Zuhilfenahme alternativer Pflegemodelle, beschritten werden, die den veränderten Wünschen und Bedürfnissen sowohl der Pflegenden als auch der Patientinnen/Bewohnerinnen gerecht werden. Die Führungs- und Leitungspersonen sollten die Bemühungen der Mitarbeiterinnen unterstützen, da sie der Zufriedenheit Letzterer auffallend zuträglich sind. [Ruthemann 1993]

Ein dritter und sehr wichtiger Ansatzpunkt liegt in der Haltung der Führungs- und Leitungsebene. Es sollte eine Unternehmenskultur gefördert werden, die prinzipiell und sichtbar gegen Aggressionen und Gewalt eintritt. Wenn die Leitungspersonen diese Position verinnerlicht haben und in ihren Tätigkeiten stets verdeutlichen, wird es für alle Täterinnen schwierig, mit der Unternehmensphilosophie der Gewaltfreiheit zu brechen. Überlegenswert ist in diesem Zusammenhang die Einrichtung einer innerbetrieblichen Anlaufstelle für Opfer, Zeuginnen und Täterinnen sexueller Belästigung und Gewalt sowie für alle Interessierten. Sie könnte zudem die Aufgabe der Information und Beratung der Mitarbeiterinnen und Patientinnen/Bewohnerinnen übernehmen sowie im Ernstfall intervenierend tätig werden.

9.1.5 Verbesserung der Arbeitsbedingungen

Im Zuge der Modernisierung von Krankenhäusern und Seniorinnenheimen in den letzten Jahren ist ein Trend zur Abschaffung von Räumlichkeiten für Pflegende zu beobachten. Dabei handelt es sich um Räume, die Möglichkeiten des Rückzuges, der Erholung und Entspannung sowie für ungestörte Gespräche und Mahlzeiteneinnahme bieten. Zimmer, die vom pflegerischen Stations- oder Wohnbereichsalltag abgetrennt sind, haben für die Zufriedenheit der Mitarbeiterinnen eine hohe Bedeutung: Sie geben Raum für eine vertrauliche Atmosphäre, die Gespräche über Gefühle, Belastungen und Erlebnisse im privaten und/oder pflegerischen Bereich ermöglicht. Diese teaminterne Kommunikation hilft, Frustrationen zu reduzieren und der Austausch mit Kolleginnen kann neue Ideen und Handlungsalternativen hervorbringen. Personaleigene Räume müssen nicht der einheitlichen Gestaltung der Station oder des Wohnbereiches unterliegen, sondern sollten nach Belieben des Teams gestaltet sein, um die Arbeitspause auch über die Sinnesorgane zu erfahren. Im Pausenraum kann der Körper durch bequemes Sitzen und Beine hochlegen entlastet sowie mittels Einnahme leichter Zwischenmahlzeiten und Getränke mit neuer Energie gefüllt werden. Aufgabe der Führungs- und Leitungspersonen ist es, dem Abbau der Sozial- und Ruheräume für die Pflegerinnen Einhalt zu gebieten sowie die Nutzung und Ausgestaltung vorhandener Räumlichkeiten anzuregen. [Buchinger 2004]

Neben der übergeordneten Bemühung um den Einsatz von mehr und qualifiziertem Pflegepersonal sowie die Wiederbesetzung aller offenen Pflegeplanstellen, sollte die Leitungsperson auf die heterogene Zusammensetzung eines Pflegeteams achten. Insbesondere die altersbezogene Verschiedenheit birgt Arbeitstechniken, Erfahrungswerte, Handlungsoptionen und Einstellungen unterschiedlichster Art, von denen die Pflegerinnen und Patientinnen/Bewohnerinnen im Pflegealltag profitieren können. Desgleichen kann die Heterogenität mittels einer ausgewogenen Zusammensetzung sowohl von Pflegerinnen mit und ohne Migrationshintergrund als auch geschlechtspezifisch hergestellt werden. Letzteres ist durch den Einsatz von Zivildienstleistenden bei einem Defizit von männlichen Pflegenden eine realisierbare Lösung. Erfahrungsgemäß trägt dies zu einer Auflockerung der Stations- oder Wohnbereichskultur bei, die Anreize schafft, herkömmliche Arbeitsweisen zu hinterfragen, Neues zu entdecken, Unzulänglichkeiten gemeinsam zu bewerkstelligen und solidarisch miteinander zu arbeiten. Zudem können Belastungssituationen besser aufgeteilt und kompensiert werden, da ein heterogenes Team über mehr Ressourcen und Kapazitäten der Problembewältigung verfügt. [Buchinger 2004]

Ein offenes, ausgeglichenes und entspanntes Klima im Team trägt neben der eigenen Gewaltprävention auch zur Vorbeugung sexueller Belästigung oder Gewalthandlungen durch Patientinnen/Bewohnerinnen bei. Auf dieser Basis sind die Pflegenden in der Lage, mit ihnen eine empathische und kongruente Pflegebeziehung aufzubauen, die die ganzheitlichen Bedürfnisse eines Menschens in seinem System wahrnimmt und ihnen begegnen kann.

Für eine langfristige Sicherung der Arbeitszufriedenheit des Pflegepersonals bedarf es weiterer motivierender Faktoren. An erster Stelle steht dabei die Verbesserung der Entlohnung bezüglich des Grundgehaltes sowie der Sonderzulagen, z. B. Wechselschichtzulagen oder Prämien. Die Erkenntnis und Durchsetzung dessen obliegt den Führungs- und Leitungspersonen, die dem neoliberalen Trend der Sparmaßnahmen sowie der Humankapitalisierung* entgegen treten sollten.

Wichtig erscheint auch ein familienfreundliches Management, das u. a. die Einführung flexibler Schichtanfangszeiten und Möglichkeiten der 24-Stunden-Kinderbetreuung in einem Betriebskindergarten oder durch den Einsatz von Tagesmüttern vorsieht. Realisierbar ist dies

---

*Das Humankapital ist ein betriebswirtschaftlicher Begriff, der die Beschäftigten eines Betriebes als Teil des betrieblichen immateriellen Vermögens bezeichnet. Da aber auch immaterielles Vermögen gesteuert, kontrolliert und bei Bedarf abgestoßen wird, handelt es sich somit um eine Reduktion der Beschäftigten auf eine materialartige und monetäre Größe. [Wikipedia 2006] Die Humankapitalisierung soll in diesem Zusammenhang die seit den 1990er Jahren verstärkte Einführung des Humankapital-Managements im Gesundheitswesen verdeutlichen.

durch eine kooperierende Kinderbetreuung verschiedener Einrichtungen und mittels Ausschöpfung staatlicher Förderungen. [Hein 2006]

Hinzu kommen geregelte Dienstpläne, die trotz krankheitsbedingter Ausfälle von Mitarbeiterinnen eine Stabilität aufweisen, Wünsche hinsichtlich freier Tage oder des Urlaubes berücksichtigen und sanfte Wechsel der Schichten beinhalten. Sie sollten zudem zwei Monate im Voraus fertig gestellt sein.

Die Bereitstellung ausreichender, bewährter und qualitativ hochwertiger Arbeitsmaterialien, wie z. B. Pflegemittel, Verbandsstoffe, Wäscheartikel und Büroutensilien sowie pflegerischer Hilfsgeräte, bspw. Personenlifter oder elektrisch verstellbare Betten, sind zwar kostenintensiv, tragen jedoch maßgeblich zur Erleichterung der pflegerischen Tätigkeiten bei. Zudem empfinden Pflegende es als eine Wertschätzung ihrer Arbeit, wenn ihnen hochwertige Produkte zur Verfügung stehen, die die Wirksamkeit der pflegerischen Maßnahmen betonen oder fördern.

Darüber hinaus ist es unerlässlich, den Pflegerinnen alle Informationen über berufsrelevante Fakten und Veränderungen auf den verschiedenen Kommunikationswegen zukommen zu lassen. Besonders die Tätigkeiten der Führungs- und Leitungsebene sollten begründet und erklärt werden, um Vorurteilen und Misstrauen vorzubeugen sowie Anerkennung und Gemeinsinn zu signalisieren. [Hartdegen 1996]

9.1.6 Weitere ausgewählte Ansätze

Ein ebenso wichtiges Kriterium zur Gewaltvorbeugung und -erkennung ist die Selbstpflege. Pflegende, die sich nicht an erster Stelle um sich selbst kümmern, können keine Kraft finden, sich um andere Menschen zu kümmern:

> *„Merke: Ausgebrannte Menschen geben keine Wärme." [Ruthemann 1993 S. 90]*

Die Psychohygiene ist ein Handlungsansatz, der sich auf die Pflegerinnen selbst bezieht. Darunter wird die Erhaltung und Förderung der seelischen und geistigen Gesundheit verstanden mit dem Ziel der prophylaktischen Ergreifung von Schritten gegen Belastungen und Störungen, bspw. mittels Stressmanagement und Erlernen von Entspannungstechniken. [Der Brockhaus Psychologie 2001]

Auseinandersetzungen, Energieverluste und Anspannungen im Pflegeberuf münden bei dauerhaftem Auftreten und Nichtbewältigung häufig in Frustration und Aggression, woraus gewalttätige Handlungen oder inadäquate Abwehrmechanismen entstehen können. Diesem

Prozess zu entgehen bedarf es u. a. Kenntnissen über Möglichkeiten der Selbstpflege sowie eine sensible Selbstwahrnehmung, um die eigenen Grenzen nicht zu überschreiten. Selbstpflege beinhaltet Aktivitäten körperlicher, seelischer oder sensorischer Anregung, wie z. B. einen Volkshochschulkurs besuchen, ins Kino, Theater oder zum Tanz gehen, ein Restaurantbesuch, Massagen oder Saunabesuche genießen. Diese Freizeitaktivitäten stellen ideale Ausgleichsmöglichkeiten und Chancen zum Verarbeiten negativer Emotionen dar.

Ein weiterer Aspekt der Psychohygiene ist die Eingebundenheit in intakte soziale Systeme. Funktionierende Beziehungen mit den Lebenspartnerinnen, Kindern, Freundinnen, Eltern und Gruppen, bspw. politische oder sportliche Vereine, bieten Unterstützung, Stabilität, Anerkennung und Wertschätzung aus vielfältigen Perspektiven und fördern somit Selbstbestätigung, -bewusstsein sowie die Gewissheit des Rückhaltes und der Zugehörigkeit. Solche Komponenten tragen erheblich zur Gesundheitsförderung und -erhaltung bei, besonders in beanspruchenden oder konfliktreichen beruflichen Situationen. [Buchinger 2004]

Neben den bisher dargestellten Ansatzmöglichkeiten zur Prävention von (sexuellen) Gewalthandlungen soll im Abschluss der Blick ergänzend auf die therapeutische Wirkung des Humors gelenkt werden:

> „(...) die universellste, billigste, demokratischste, gerechteste und belastbarste Quelle der Freude ist das Lachen." [Johnston 1985 S. 936 zitiert bei: Robinson 2002 S. 75]

Die Theorien, die sich mit der Funktion des Humors beschäftigen, werden unter anderem als Entlastungs- und Befreiungstheorien benannt. Sie gehen davon aus, dass Humor Gefühle wie Wut, Scham, Spannungen, Ängste und Frustrationen abbaut und dies eine Entlastung und Befreiung kognitiver und emotionaler Art darstellt. Zudem wirkt das Lachen stimulierend auf den gesamten Körper und löst somit ein Wohlgefühl aus.

Im pflegerischen Kontext nimmt Humor kommunikative, soziale und psychologische Funktionen ein, die zum Aufbau und Erhalt der Pflegebeziehung, der innerteamlichen Bindungen und zur Bewältigung schwieriger Situationen beitragen. Auf der kommunikativen Ebene werden Hemmungen oftmals mittels eines Scherzes abgebaut und eine wichtige Information über Gefühle und Erleben kann „verpackt" offenbart werden. Eine erfolgreiche Übermittlung positiver oder negativer Informationen bildet die Basis für ein vertrauensvolles Gespräch oder schafft das erleichternde Gefühl, dass jemand anderes um die eigenen Gefühle weiß. Beim Aufbau und Erhalt sozialer Bindungen nimmt Humor einen hohen Stellenwert ein, da das Lachen soziale Schranken abbaut und ein Gemeinschaftsgefühl herstellt. So können neben der

Belustigung über starre Organisationsstrukturen einer Einrichtung auch hierarchisch hoch stehende Personen wie bspw. die Stationsschwester oder Chefärztin zum Gegenstand des Humors werden. Er ermöglicht den Erhalt der sozialen Kontrolle und des Selbstschutzes für alle Beteiligten und kann Barrieren im gemeinsamen Umgang abbauen.

Menschen, die in einer pflegerischen Institution leben, arbeiten oder sich vorübergehend aufhalten, werden früher oder später mit Fragen um Krankheit, Pflegebedürftigkeit, Folgeschäden und Tod konfrontiert. Gedanken um solche Themen können sehr belastend, stress- und angstauslösend sein, weshalb Humor auf der psychischen Ebene oftmals einen essentiellen Bewältigungsmechanismus unterstützen kann.

Bemerkenswert ist, dass durch Humor auch sehr starke negative Emotionen wie Wut- und Hassgefühle abgebaut werden können, sei es anderen Personen, Strukturen oder der eigenen Situation gegenüber. An diesem Punkt wird deutlich, dass Humor und Lachen einen wichtigen Anteil in der Prävention von Gewalt sowohl durch Pflegende als auch durch Zu-Pflegende haben. Es können nicht nur Emotionen nach außen gebracht werden ohne das Gesicht zu verlieren, sondern auch soziale Beziehungen hergestellt und aufrecht erhalten werden, ohne in Abhängigkeiten zu geraten oder bestehende zu verstärken. Humor und Lachen gemeinsam sind stressbewältigende, konfliktlösende, entspannende und beruhigende Erlöse, die gewalttätige Potenziale vermindern und ein angenehmes Betriebsklima bewirken. [Robinson 2002]

9.2 Interventionen bei sexueller Gewalt in pflegerischen Institutionen

Intervention bedeutet dazwischen zu treten oder zu vermitteln und somit einen Vorgang in seinem Lauf zu unterbrechen und zu beenden. Auch gut durchdachte und gezielt angewandte Präventionsmaßnahmen können keine absolute Sicherheit vor sexuellen Gewalthandlungen in der Pflege geben, weshalb intervenierendes Verhalten in einer unmittelbaren Gewaltsituation notwendig ist. Der folgende Abschnitt dieses Kapitels beschreibt Möglichkeiten der Intervention vor, während und nach einem Ereignis sexueller Gewalt.

9.2.1 Erkennungsmerkmale sexueller Gewalthandlungen

Die Identifikation der Opfer sexueller Gewalthandlungen im pflegerischen Kontext stellt sich als besonders schwierig dar. Nicht selten wird das Gewalterlebnis von den Opfern auf Grund von Tabuisierung, Angst, Scham- oder Schuldgefühlen verschwiegen. Einer besonderen Erschwernis der Erkennung unterliegen Patientinnen und Bewohnerinnen einer pflegerischen Einrichtung zudem durch ihre bereits vorhandenen Erkrankungen oder eine Pflegebedürftigkeit. Dies bedeutet, dass spezifische Reaktionen, wie bspw. Kommunikationsdefizite, Essstörungen, Müdigkeit bis Apathie und Suizidgedanken, im Zuge der Krankheitssymptome oder der Bettlägerigkeit nicht als Indikatoren für mögliche sexuelle Gewalterlebnisse erkannt werden. Ebenso verhält es sich mit Störungen des Selbstwertgefühles, der Sexualität und sozialer Beziehungen, die wegen Artikulationsstörungen sowie Adaption an einschränkende institutionelle Strukturen entweder ohnehin beeinträchtigt oder völlig vernachlässigt sind.

Mittel zur Identifikation sexueller Gewalt an Bewohnerinnen und Patientinnen sind am ehesten medizinische Indikatoren, die sich auf Veränderungen des Körpers konzentrieren. Es könnten eine verstärkte körperliche Anspannung, Abwehr und Transpiration sowie die plötzliche Deutung auf Unterbauchbeschwerden, Scheiden- oder Blasenentzündungen beobachtet werden. Deutliche Symptome sind Hämatome, Verletzungen und Blutungen im Genitalbereich und Umgebung sowie an den Brüsten, wenn es dafür keinen bekannten und bestätigten Grund, wie z. B. den eines Sturzes oder einer akuten gynäkologischen Erkrankung, gibt. [Heim et al. 2005]

Pflegende, zu deren Aufgaben die Patientinnen- und Bewohnerinnenbeobachtung im Rahmen ihrer pflegerischen Tätigkeiten gehört, sollten in Lage sein, derartige Anzeichen zu erkennen und kritisch zu hinterfragen. Auch ist es an ihnen, den ersten Schritt zu tun und sich an eine Stelle ihres Vertrauens zu wenden, um den Verdacht zur Sprache zu bringen und somit einer Intervention Anschub zu leisten. Hilfreich kann sich hierbei die Zusammenarbeit mit den Angehörigen der betroffenen Patientin erweisen, die auf Basis einer engeren Beziehung Symptome früher und begründeter identifizieren können. Gemeinsam mit den Pflegerinnen könnten Gedanken der Vermutung ausgetauscht, bestätigt oder aufgeklärt und im Falle einer Konkretisierung ein gemeinsames Vorgehen geplant werden. Die gegenseitige Unterstützung bringt emotionale Entlastung sowie Kraft für folgende Aktivitäten, die schwierige und konfliktreiche Situationen beinhalten können. Grundlage für eine solche vertrauensvolle Beziehung zwischen Pflegerinnen, Zu-Pflegenden und Angehörigen bildet eine Pflegebeziehung, die auf dem systemischen Gleichgewicht beruht und speziell zur Lösung schwieriger Konstellationen für alle Beteiligten einen wichtigen Beitrag leisten kann.

Pflegerinnen, die ihrerseits sexuelle Belästigung oder Gewalt durch Patientinnen/Bewohnerinnen erlebt haben, können ebenso Anzeichen von Störungen in sozialen Beziehungen, des Körper- und Selbstwertgefühles und in der Sexualität offenbaren sowie psychisch erkranken. Abhängig von der Dauer und Intensität der Zugehörigkeit zu einem Pflegeteam ist es den Kolleginnen teilweise möglich, Symptome zu erkennen und anzusprechen. Veränderungen im Sexualverhalten und Körpererleben können jedoch eher von privat nahestehenden Menschen bemerkt werden, weshalb diese in den Interventionsprozess einbezogen sind. Auch hier gilt es, die Vermutungen zu artikulieren und bei Bestätigung Maßnahmen zu ergreifen, die die Viktimisierung beenden. [Heim et al. 2005]

9.2.2 Beendigung der akuten Gewaltsituation

Das Verhalten in einer Gewaltsituation ist immer von der jeweiligen Gesamtsituation abhängig. Soweit möglich, kann eine Analyse der Sachlage für die folgende Reaktion sehr hilfreich sein; ist sofortiges Handeln notwendig, sollte die Analyse hinterher geschehen.

Eine Möglichkeit der Intervention in einer sich anbahnenden oder bereits bestehenden Akutsituation ist die Trennung der Beteiligten, welche aggressionsauslösende Personen, Täterin und Opfer sein können. Dies setzt verbale Überzeugungsarbeit oder körperliche Kraft sowie ein selbstbewusstes Auftreten voraus, um nicht ebenfalls in die Gewaltspirale einbezogen zu werden. In einem sich anbahnenden Gewaltausbruch ist es vorstellbar, die potenzielle Täterin mittels verbaler und nonverbaler Kommunikation zu beruhigen und Interesse an ihrem Befinden zu signalisieren. Die Ausstrahlung von Ruhe und überlegtem Verhalten bewirkt eine Besänftigung der Gefühle und die Deeskalation des Zustandes.

Handlungsabbrechende Wirkung erzielen auch kommunikative Mittel, die die Täterin bloßstellen, in ihrer (Berufs-)Ehre verletzen, an das Verantwortungsbewusstsein appellieren oder ihr das Triumphgefühl nehmen. So könnte eine hinzukommende Pflegerin die Täterin nicht nur zur Unterlassung auffordern, sondern belehren, dass solche Handlungen schmerzhaft für das Opfer sind und weitreichende Folgen haben können, um Rat bitten, wie Opfer und Zeugin sich jetzt verhalten sollen oder um eine sofortige Entschuldigung bitten. Allein der Entdeckungsmoment und die selbstbewusste Signalisierung von Gegenreaktionen können eine Beendigung der Gewalthandlung hervorrufen.

Sich der Gegengewalt zu bedienen sollte lediglich in Form von Notwehr und Eigenschutz erfolgen, in schweren Fällen erscheint die Flucht als beste und selbstschützendste Alternative, auch wenn das Opfer weiterhin der Gewalt ausgeliefert bleibt. Wichtig ist dabei die Suche nach Hilfe, nachdem sich die Zeugin in Sicherheit bringen konnte. Pflegerinnen von anderen Stationen oder Wohnbereichen oder sonstige sich in der Einrichtung aufhaltende Personen können zu Hilfe geholt werden. Des Weiteren kann auch die Benachrichtigung der Polizei, Feuerwehr oder einer Vertrauensperson erfolgen. [Hartdegen 1996]

Letztlich können und müssen Gewalthandlungen gestoppt werden, auch wenn es Mut und Courage erfordert. Die Möglichkeit der anonymen Anzeige bei der Polizei ist stets gegeben; zudem existieren in vielen Großstädten öffentliche Stellen, Initiativen oder Notruftelefone, die sich mit Gewalt in der Pflege auseinandersetzen. Sie bieten Beratung, Unterstützung, Vermittlung und Betreuung für Opfer sexueller Gewalt an. Erst nach Beendigung der gewalttätigen

Situation oder Handlung kann mit der Bewältigung des Geschehenen durch Spezialistinnen begonnen werden.

9.2.3 Mitarbeiterinnengespräche und Krisenintervention

Würde- und schamverletzende Handlungen, die im Kontext pflegerischer Maßnahmen bewusst oder unbewusst stattfinden, werden zumeist nicht als Delikte im strafrechtlichen Sinne, sondern eher als unvermeidbare Begleiterscheinung der pflegerischen und/oder medizinischen Behandlung gesehen. Handlungen solcher Art sind oftmals Anzeichen einer destruktiv veränderten Beziehung einer Pflegeperson zu ihrer Tätigkeit und/oder den Bewohnerinnen/Patientinnen. Deshalb ist es für die weitere Arbeit von Bedeutung, dass die Leitungsperson nach Kenntnisnahme auf das Fehlverhalten der Pflegenden reagiert.

Als erstes kann die Möglichkeit des Kritikgespräches ergriffen werden, das darauf zielt, eine Verhaltensänderung bei der Pflegerin zu erreichen. Thema des Kritikgespräches ist der negative Vorfall, die Verdeutlichung der Folgen für die Patientin/Bewohnerin und gegebenenfalls auch für die Einrichtung. Am wichtigsten scheint die Ergründung der Ursachen für das Fehlverhalten, da sie die Basis zur Problemlösung und Entwicklung alternativer Verhaltensweisen darstellen. Wird es im Kritikgespräch versäumt, gemeinsam die Gründe heraus zu arbeiten und zu bearbeiten, besteht die Gefahr, dass sich die negativen Verhaltensweisen, bspw. auf andere Personen oder in andere Schemata, verschieben.

Eine zweite Option findet sich in der Ermahnung, Verwarnung oder Vorhaltung, welche als Vorstufen der Abmahnung gelten. Wegen der autoritären Struktur ist ihnen das partizipative und lösungsorientierte Kritikgespräch vorzuziehen.

An dritter Stelle steht die Durchführung einer Abmahnung, wenn trotz wiederholter Aufforderung keine Verhaltensänderung der Pflegeperson zu verzeichnen ist. Sie dient der Leitungsperson dazu, bei einem weiteren Vorfall der Pflegenden die Kündigung auszusprechen. Allerdings bedarf die Abmahnung einiger formaler Voraussetzungen: So befindet sich die Führungsperson in der Beweispflicht und muss den entsprechenden Vorfall zeitlich konkret und möglichst umfassend schriftlich darlegen. Zudem soll die Art der Verhaltensänderung sowie die arbeitsrechtliche Konsequenz bei Nichterfüllung genau erläutert sein. Bevor der Eintrag in die Personalakte vorgenommen wird, sollte der Pflegenden die Möglichkeit der Anhörung und Stellungnahme gegeben werden. Im Rahmen dieses Gespräches ist es ratsam, zusammen mit der Pflegerin Handlungsalternativen zu diskutieren und zu vereinbaren. So kann bei einem zweiten, späteren Gespräch die Umsetzung überprüft und im günstigen Fall eine Verbesserung erkenntlich werden. [Hofbauer, Winkler 2004]

Patientinnen und Bewohnerinnen, die sexuelle Gewalthandlungen ausüben, kann ebenfalls mit Gesprächsangeboten begegnet werden. Als Kommunikationspartnerinnen kommen Menschen in Frage, die der Person nahe stehen, wie z. B. die Lebensgefährtin und andere Angehörige, Seelsorgerinnen, eine bestimmte Pflegeperson, Mitpatientin oder Vertreterin des Heimbeirates, wenn die gewalttätige Person Vertrauen zu ihnen hat. In den Gesprächen sollten die Ursachen für die Gewalthandlung erforscht sowie die Gefühle während der Tat verbalisiert werden, um eine Basis zur Analyse und Evaluation der Situation zu schaffen, auf der Maßnahmen zur Vermeidung weiterer Gewaltereignisse erarbeitet werden können.

Bleiben die Gespräche wirkungslos und es kommt zu erneuten sexuellen Gewalthandlungen, ist es möglich, eine Krisenintervention einzusetzen. Sie beinhaltet Maßnahmen, die auf sozialer, kognitiver, emotionaler und psychosozialer Ebene wieder ein Gleichgewicht herstellen. Ein Mensch befindet sich in einer Krise, wenn auf einer oder mehrerer dieser Ebenen eine schwere akute Störung vorliegt und er dadurch sein Verhalten nicht mehr adäquat steuern kann. Folglich ergibt sich eine bedrohliche Situation sowohl für die krisenbetroffene Person selbst als auch für andere Menschen.

In einer Akutsituation sollte so schnell wie möglich eine Krisenintervention begonnen werden, um die vorhandene aggressive Energie auf die Therapie der gewaltausübenden Patientin/Bewohnerin zu lenken und zugleich eine Ablenkung vom Opfer zu erreichen. Das Hinzuziehen einer nahestehenden Person kann in der Krisenintervention hilfreich sein, wenn es von der Patientin/Bewohnerin erwünscht ist. Die Klärung der Krise geschieht am besten vor Ort, um realitätsnah zu bleiben und eine Öffnung der Person in der Krise aufrecht zu erhalten. Eine eventuelle Gesprächsbereitschaft sollte konstruktiv genutzt und mittels aktivem Zuhören Ernstnahme und menschlicher Beistand signalisiert werden.

Eine Krisenintervention erfordert ein hohes empathisches Verständnis auf Seiten der Helferin, die wiederum durch Teamgespräche oder Supervision unterstützt werden muss. [Hartdegen 1996]

Wünschenswert ist eine außerteamliche Person, die während und/oder nach sexueller Gewaltsituationen eine professionelle Krisenintervention durchführt. Dies könnte eine Mitarbeiterin mit entsprechender Fachkompetenz von der innerbetrieblichen Anlaufstelle leisten und wäre in jedem Fall der Intervention durch eine Pflegeperson vorzuziehen, da Pflegende und Zu-Pflegende bereits in einer Beziehung stehen, die eine neutrale Herangehensweise einschränken kann.

9.2.4 Kündigung der Verträge

Sobald sich der Verdacht sexueller Gewalthandlungen durch eine Pflegeperson bestätigt und die Arbeitgeberin darüber Kenntnis hat, kann sie eine fristlose, außerordentliche Kündigung aussprechen. Damit kann ein Arbeitsverhältnis vor regulären Beendigungsterminen aufgelöst werden; sie stellt eine besondere Situation im Kündigungsschutzgesetz dar. Die fristlose Kündigung bedarf lt. §626 BGB (Bürgerliches Gesetzbuch) einer sorgfältigen Prüfung der Kündigungsgründe: Zum einen sollten der Leitungsperson zuverlässige und vollständige Informationen über den Sachverhalt vorliegen und zum anderen muss unter Berücksichtigung aller Umstände und Abwägung beiderseitiger Interessen die Zumutbarkeit der sofortigen Kündigung geprüft werden. Daraus soll erkenntlich werden, ob es möglich, also zumutbar wäre, die Mitarbeiterin bis zum Ende der ordentlichen Kündigungsfrist zu beschäftigen. Da eine fristlose Kündigung meistens auf ein vertragswidriges Verhalten zurückzuführen ist, steht der Mitarbeiterin im Anschluss eine Sperrzeit des Arbeitslosengeldbezuges seitens der Arbeitsagentur bevor. Abmahnungen können, müssen jedoch nicht der außerordentlichen Kündigung voraus gegangen sein.

Nach Bekanntwerden des Kündigungsgrundes muss die Arbeitgeberin die Kündigung innerhalb von zwei Wochen aussprechen, da der Grund ansonsten verwirkt wird. Innerhalb dieser Zeit sind eine Anhörung der Arbeitnehmerin zur Möglichkeit der Stellungnahme sowie eine Anhörung des Betriebsrates formale Voraussetzungen. Die Kündigungserklärung muss anschließend schriftlich erfolgen und sollte vorsorglicherweise auch eine fristgemäße Kündigung enthalten. Vor dem Arbeitsgericht wird sexuelle Belästigung lediglich in besonders schweren Fällen als Kündigungsgrund angesehen und Straftaten können nur unter Umständen eine außerordentliche Kündigung nach sich ziehen. Eine Inhaftierung einer Pflegeperson stellt keinen Grund für eine fristlose Kündigung dar, kommt aber in diesem Zusammenhang sicherlich äußerst selten vor. [Ramrath 2006]

Die Kündigung eines Heimvertrages durch die Heimleitung kann nur aus wichtigem Grund erfolgen, der die Verletzung monetärer Pflichten der Bewohnerin oder schwerwiegende betriebliche Gründe des Heimes beinhaltet. Die Begründung der fehlenden Möglichkeit einer fachgerechten Betreuung auf Grund eines stark veränderten Gesundheitszustandes der Bewohnerin kann einen ebenfalls wichtigen Kündigungsgrund darstellen. Dabei unterliegt die Kündigung keiner Frist, hat schriftlich zu erfolgen und bedarf der Begründung. Zudem muss die Heimleitung in letzterem Fall der gekündigten Person eine adäquate und zumutbare andere Unterbringung anbieten. Verletzt eine Bewohnerin ihre vertraglichen Pflichten schuldhaft besonders schwer, so dass daraus eine unzumutbare Störung des Heimbetriebes resultiert, kann ihr fristlos und ohne Angebot einer anderen Unterkunft gekündigt werden. Gleiches gilt für die Verträge über eine Kurzzeitpflege. [Möwisch, Hons 2004]

Die Kündigung von Heimverträgen auf Grund sexueller Gewalthandlungen durch Bewohnerinnen stellt sich demnach als äußerst schwierig dar, weil der Schutz und die Betreuung kranker und/oder pflegebedürftiger Personen, auch gewalttätiger Menschen, prioritär zu gewährleisten ist. Eine unzumutbare Störung des Heimbetriebes inkludiert aus rechtlicher Sicht wahrscheinlich keine sexuellen Gewalthandlungen, die eine oder auch mehrere Bewohnerinnen ausführen, es sei denn, sie beeinträchtigten damit ein gesamtes Pflegeteam in der Ausführung ihrer Berufstätigkeit. Vor diesem Hintergrund wird die Relevanz zur Ergreifung präventiver, und im Falle der Viktimisierung, frühzeitig intervenierender Maßnahmen deutlich.

Patientinnen im Krankenhaus schließen in der Regel einen Behandlungsvertrag ab, der keine Kündigungsklausel enthält. Dies bedeutet, dass bei einer gewalttätigen Patientin anderweitige Interventionsmaßnahmen ergriffen werden müssen, wie z. B. die interne oder externe Verlegung, wenn das Pflegeteam oder die Einrichtung selbst den Auslöser der Aggression und Gewalt darstellen. Gibt es keine medizinischen Kontraindikationen, kann eine vorzeitige Entlassung der Patientin angestrebt werden. Beide Maßnahmen setzen jedoch, neben der Aufdeckung der Tat, umfangreiche kommunikative Prozesse voraus, die auf Grund immer kürzer werdender Krankenhausaufenthaltszeiten kaum realisierbar scheinen.

10   Zusammenfassung

Das Handlungsfeld von Gesundheits- und Krankenpflegerinnen sowie Altenpflegerinnen umschließt alle Bereiche des Gesundheitswesens. Den Patientinnen und Bewohnerinnen der
Krankenhäuser und Seniorinnenheime soll eine professionelle Pflege zuteil werden, deren
spezifische Aufgaben in der menschlichen, würde- und respektvollen Beratung, Begleitung,
Anleitung, Betreuung und Versorgung jeder einzelnen Patientin/Bewohnerin unter Einbeziehung ihrer Bezugspersonen liegen.

Unabhängig von den theoretischen Grundlagen der Gesundheits-, Kranken- und Altenpflege
finden im Pflegealltag vereinzelt aber auch Pflegehandlungen statt, die der Förderung und
Wiederherstellung der Gesundheit nicht entsprechen und Krankheit oder Leiden verschlim-
mern. Beginnend bei routinisiert ausgeführten Pflegehandlungen, über die respektlose
Behandlung eines Menschen und der Verletzung seiner Menschenwürde bis zu schweren
seelischen und körperlichen Misshandlungen, tritt in Einrichtungen des Schutzes und der
Fürsorge das Phänomen der Gewalt auf. Ursächlich hierfür ist das Aufkommen aggressiver
Emotionen, sowohl bei Pflegerinnen als auch bei Zu-Pflegenden, die in aggressive Verhaltensweisen münden und gewalttätige Handlungen auslösen können. In diesem Zusammen-
hang gibt es auch Gewalthandlungen sexueller Art in der Pflege, obwohl Krankenhäuser und
Seniorinnenheime, in denen sich Menschen mit körperlichen Gebrechen und seelischen
Leiden zur Linderung ihrer Erkrankungen aufhalten, in der gesellschaftlichen Ansicht weder
im positiven noch im negativen Sinne Orte für sexuelle Geschehnisse darstellen.

Die oftmals sehr nahe Pflegebeziehung, in welcher Nacktheit, intime Körperberührungen und
Eintritte in die Privatsphäre unvermeidbar sind, können sich Aggressionen und Gewalt-
handlungen auf Verletzungen des Schamgefühles, der geschlechtlichen Identität und des
Körpers selbst richten. Schädigungen dieser Art werden als sexuelle Gewalt bezeichnet.
Speziell in pflegerischen Beziehungen, die durch strukturelle Vorgaben von einem Abhän-
gigkeitscharakter für die Patientinnen/Bewohnerinnen gekennzeichnet sind, dienen sexuelle
Gewalthandlungen durch Pflegende häufig dem Zweck, Machtpositionen zu erhalten oder
auszuweiten. Deshalb wird in diesem Zusammenhang auch von sexualisierter Gewalt gespro-
chen. Von Zu-Pflegenden ausgehende sexuelle Gewalthandlungen entspringen oftmals dem
Wunsch nach Zuneigung, Sinnlichkeit und menschlicher Wärme, aber auch dem Versuch der
Erhebung über die Abhängigkeitsposition unter Zuhilfenahme inadäquater Machtmittel.

Wie die Fallbeispiele aus der Literatur zeigen, kommen sexuelle und sexualisierte Gewalthandlungen im pflegerischen Kontext in verschiedener Gestalt zum Ausdruck. Die Fälle treten in den Formen der Verletzung der persönlichen und geschlechtlichen Identität, des

Schamgefühles und der menschlichen Würde sowie der sexuellen Belästigung auf; sie sind der psychischen Gewalt zuzuordnen. Des Weiteren verdeutlichen die Beispiele der sexuellen Nötigung und Vergewaltigung das Vorkommen körperlicher sexueller Gewalt. Alle Erscheinungsformen rufen als Folge, neben möglichen körperlichen Schädigungen, zumeist langwierige seelische Traumata für die Opfer hervor, die mit umfassenden Verhaltensänderungen einhergehen können. Als besonders schwerwiegend im pflegerischen Kontext stellt sich der Vertrauensverlust in die intime Pflegebeziehung sowie in den Schutz der Pflegeeinrichtung als Wohnort oder gesundheitsfördernde und -wiederherstellende Stätte dar.

Handlungsansätze zur Vermeidung und Beendigung sexueller Gewalt in der Pflege liegen in der Förderung der beruflichen Zufriedenheit der Pflegenden und der Zufriedenheit der Zu-Pflegenden mit ihrem Heim- oder Krankenhausaufenthalt sowie in der Schaffung einer liberalen Atmosphäre in der Einrichtung. Dies basiert vor allem auf den organisatorischen und strukturellen Begebenheiten der pflegerischen Institutionen. Deshalb ist es einerseits Aufgabe der Führungs- und Leitungspersonen, Möglichkeiten der Prävention, wie z. B. Einführung niedrigschwelliger Gesprächsangebote und Öffnung der Organisationsstrukturen, zu nutzen sowie im Falle eines Vorkommnisses sofort Interventionsmaßnahmen zu ergreifen. Andererseits sind sowohl die Pflegerinnen und Zu-Pflegenden als auch Angehörige und weitere Mitarbeiterinnen als Menschen in der Pflicht, sexuelle Gewalthandlungen jeglicher Art abzulehnen und im Ernstfall intervenierend mittels der ihnen zur Verfügung stehenden Maßnahmen, bspw. den Polizeiruf, tätig zu werden. Grundlage hierfür ist, über Themen der Gewalt und Sexualität bei Krankheit und im Alter aufzuklären und in diesem Rahmen die Wahrnehmung und Sensibilität für die Erkennung sexueller Gewalthandlungen in pflegerischen Einrichtungen zu schärfen.

11 Schlussfolgerungen

Die vorliegende Arbeit belegt auf Basis der Literaturuntersuchung, dass sexuelle und sexualisierte Gewalthandlungen in pflegerischen Einrichtungen von Patientinnen und Bewohnerinnen einerseits sowie von Pflegenden andererseits erlebt und/oder ausgeübt werden. Sie vereint Erkenntnisse der Sexualdeliktforschung mit denen der Studien über Gewalt in der Pflege und leitet daraus spezifische Ursachen, Erscheinungsformen, Folgen und Auswirkungen der sexuellen Gewalt in der Pflege sowie Handlungsansätze dagegen ab.

Am Anfang der Arbeit stand die zentrale Frage, ob es Fälle sexueller und sexualisierter Gewalt in der Pflege gibt. Angesichts des schwer zugänglichen Forschungsfeldes war es Ziel der Arbeit, mittels einer Untersuchung der Literatur zu Gewalt in der Pflege, der Forschungsberichte zu anderer Pflegegewalt und von im Internet veröffentlichten Erfahrungsbeschreibungen eine Analyse von Fallbeispielen hinsichtlich sexueller und sexualisierter Gewalthandlungen im pflegerischen Kontext vorzunehmen.

Die Untersuchung der Publikationen zeigt, dass es sexuelle und sexualisierte Gewalthandlungen in der Pflege gibt. Es werden Fälle beschrieben, in denen die Gewalthandlungen sowohl von den Pflegerinnen, als auch von den Patientinnen und Bewohnerinnen ausgehen. Die Fallbeispiele werden zuvor definierten Erscheinungsformen der sexuellen Gewalt zugeordnet und bestätigen die theoretische Unterteilung dieser Gewaltform.

Es offenbart sich, dass die Gründe sexueller Gewalt nur marginal in dem Wunsch nach sexueller Befriedigung liegen, sondern vielmehr in dem Streben nach Demonstration, Aufrechterhaltung und Erweiterung der Machtposition der Täterin zu finden sind. Dass die sexuelle Attraktivität der Opfer, nach den Vorgaben unseres gesellschaftlichen Bildes, kaum eine Rolle spielt, verdeutlichen die Beispiele insofern, als dass die Opfer zumeist pflege- und/oder hilfebedürftig, in ihrem Verhalten eingeschränkt und einige darüber hinaus bettlägerig und hochbetagt sind. Hierin wird die spezielle Problematik sichtbar: Die opfergewordenen Patientinnen/Bewohnerinnen sexueller Gewalt sind größtenteils widerstands- und einwilligungsunfähig und dadurch aus Sicht der Täterinnen müheloser zu viktimisieren.

An dieser Stelle wird der Forschungsbedarf zum Thema deutlich: Eine generelle Erforschung sexueller Gewaltdelikte in pflegerischen Institutionen ist vonnöten, da es in der Literatur kaum ausführliche Studien zu dieser Thematik gibt. Die Forschungsgruppe um Görgen & Nägele befasst sich bereits eingehend mit der sexuellen Viktimisierung im Alter, wobei auch sexuelle Gewalterlebnisse von Bewohnerinnen und Patientinnen pflegerischer Einrichtungen Betrachtung finden. Die spezielle Untersuchung der Zusammenhänge im pflegerischen Kontext erfolgt in diesem Rahmen jedoch ebenso wenig, wie der Einbezug opfergewordener Pflegerinnen durch Gewaltausübungen von Zu-Pflegenden. Künftige Forschungen sollten umfangreiche qualitative Fallstudien beinhalten, um gewaltauslösende Faktoren in der Pflegebeziehung zu eruieren. Die gewonnenen Erkenntnisse könnten Aufschluss über Macht- und Abhängigkeitsaspekte geben, aus denen wirksame Präventions- und Interventionsmaß- nahmen zum Schutz der pflege- und/oder hilfebedürftigen sowie der pflegerisch tätigen Menschen abgeleitet werden können.

Daneben bleibt offen, welche Auswirkungen und Folgen sexuelle und sexualisierte Gewalt- erfahrungen für die opfergewordenen Pflegenden und Zu-Pflegenden haben. Weder weisen die Fallbeispiele hierüber eine Beschreibung auf, noch sind in der Literatur umfangreiche theoretische Darlegungen diesbezüglich zu finden. Eine qualitative Untersuchung könnte Aufschluss darüber geben, welche mittelbaren und unmittelbaren Folgen sich für die Opfer ergeben und wie sie bislang mit ihren Erfahrungen umgehen bzw. welche Möglichkeiten der Verarbeitung sie nutzen. Diese Einsichten können den Weg für die Entwicklung spezieller Bewältigungsmaßnahmen ebnen.

Abgesehen davon erfüllen nicht alle dargestellten Fallbeispiele der vorliegenden Untersu- chung die Bestimmungen der Gütekriterien einer wissenschaftlichen Arbeit; manche Fälle lie- gen darüber hinaus teilweise einige Jahrzehnte zurück. Dies legt den Schluss nahe, dass es einerseits eine höhere Anzahl von Fällen gibt, als offiziell bekannt wird, und dass andererseits die Problematik schon seit längerem besteht und bis heute an Aktualität nicht verloren hat. Aus dieser Folgerung wird auch der Bedarf an quantitativer Forschung deutlich, die Hand- lungserfordernisse unterstreichen kann.

Für die Entwicklung und Bearbeitung nachfolgender Studien zur sexuellen Gewalt in der Pflege kann diese Arbeit eine Unterstützung hinsichtlich der Hypothesenbildung, des For- schungsdesigns oder der Überlegung eines adäquaten Feldzuganges sein.
In dieser Arbeit sind erstmals Kenntnisse über Ursachen, Erscheinungsformen, Folgen und Auswirkungen ausschließlich hinsichtlich der sexuellen Gewalt im institutionell-pflegerischen Kontext zusammengetragen. Sie kann daher auch als Informationsgrundlage für persönliche und institutionelle Aus-, Fort- und Weiterbildungen dienen. Schließlich soll die Arbeit einen Beitrag zur Aufklärung über sexuelle Gewalt in der Pflege sowie zur Enttabuisierung des

Themas leisten. Dies kann insbesondere für in der Pflege tätige Menschen hilfreich sein und ihre Wahrnehmung sensibilisieren, Fälle dieser Gewaltform zu erkennen und Mut zu fassen, intervenierend tätig zu werden.

Literaturverzeichnis

Arendt, H.: Macht und Gewalt. Büchergilde Gutenberg; Frankfurt am Main, Wien, Zürich (2005)

Becker-Beck, U.: Macht und Gewalt aus (sozial)psychologischer Sicht. In: Schüßler, W.; Sturm, E. (Hg.): Macht und Gewalt: Annäherungen im Horizont des Denkens von Paul Tillich. In: Tillich-Studien-Beihefte. Bd. 5; Lit; Münster (2005) 97-116

Beier, K.-M.: Dissexualität im Lebenslängsschnitt: Theoretische und empirische Untersuchungen zu Phänomenologie und Prognose begutachteter Sexualstraftäter. In: Hippius, H.; Janzarik, W.; Müller, C. (Hg.): Monographien aus dem Gesamtgebiet der Psychiatrie. Bd. 78; Springer; Berlin, Heidelberg (1995)

Beier, K.-M.: Sexuelle Übergriffe: Die Täter. In: Ostendorf, H.; Köhnken, G.; Schütze, G. (Hg.): Aggression und Gewalt. Peter Lang; Frankfurt, Berlin, Bern, Bruxelles, New York, Oxford, Wien (2002) 121-158

Berthold, H.: Sexuelle Fantasien bei kurzen Eingriffen unter Narkose. In: Bundesärztekammer und Kassenärztliche Vereinigung (Hg.): Deutsches Ärzteblatt. Jg. 95, Heft 12; o. V.; Köln (1998) A-691

Böhmer, M.: Erfahrungen sexualisierter Gewalt in der Lebensgeschichte alter Frauen: Ansätze für eine frauenorientierte Altenarbeit. Mabuse; Frankfurt am Main (2000)

Bonacker, T.; Imbusch, P.: Zentrale Begriffe der Friedens- und Konfliktforschung: Konflikt, Gewalt, Krieg, Frieden. In: Imbusch, P.; Zoll, R. (Hg.): Friedens- und Konfliktforschung: Eine Einführung. 4. Aufl.; Sozialwissenschaften; Wiesbaden (2006) 67-142

Boudon, R.; Bourricaud, F.: Soziologische Stichworte. Westdeutscher; Opladen (1992) 302-309

Brockhaus: Die Enzyklopädie. Bd. 20, 20. Aufl.; F.A. Brockhaus; Leipzig, Mannheim (1998) 115-120

Brockhaus: Die Enzyklopädie. Bd. 23, 20. Aufl.; F.A. Brockhaus; Leipzig, Mannheim (1999) 171f

Brockhaus Enzyklopädie. Bd. 1, 21. Aufl.; F.A. Brockhaus; Leipzig, Mannheim (2006a) 306-309

Brockhaus Enzyklopädie. Bd. 10, 21. Aufl.; F.A. Brockhaus; Leipzig, Mannheim (2006b) 675-682

Brockhaus Enzyklopädie. Bd. 17, 21. Aufl.; F.A. Brockhaus; Leipzig, Mannheim (2006c) 363-366

Buchinger, S.-M.: Gewalt in stationären Einrichtungen der Altenhilfe: Ansätze sozialpädagogischer Prävention und Intervention. In: Bonner Schriftenreihe "Gewalt im Alter". 11. Aufl.; o. V.; Bonn (2004) 92-152

Bundeszentrale für politische Bildung (BpB) (Hg.): Grundgesetz für die Bundesrepublik Deutschland; Bonn (2001)

Bürgerliches Gesetzbuch (BGB). 53. Aufl.; Deutscher Taschenbuch; München (2003)

Burgess, A. W.; Dowdell, E.; Prentky, R.: Sexual abuse of nursing home residents. In: Journal of Psychosocial Nursing and Mental Health Services. Jg. 6, Heft 38; o. V.; Thorofare (2000) 10-18

Burisch, M.: Das Burnout-Syndrom: Theorie der inneren Erschöpfung. 3. Aufl.; Springer; Heidelberg (2006)

Der Brockhaus Psychologie: Fühlen, Denken und Verhalten verstehen. F.A. Brockhaus; Leipzig, Mannheim (2001) 87-88

Dießenbacher, H.; Schüller, K.: Gewalt im Altenheim: Eine Analyse von Gerichtsakten. Lambertus, Freiburg im Breisgau (1993)

Duden: Die deutsche Rechtschreibung. Bd. 1, 22. Aufl.; Dudenverlag; Mannheim, Leipzig, Wien, Zürich (2000)

Duden: Fremdwörterbuch. Bd. 5, 6. Aufl.; Dudenverlag; Mannheim, Wien, Zürich (1997)

Duden: Sinn- und sachverwandte Wörter: Synonymwörterbuch. Bd. 8, 2. Aufl.; Dudenverlag; Mannheim, Leipzig, Wien, Zürich (1997)

Eastman, M.: Gewalt gegen alte Menschen. Lambertus; Freiburg im Breisgau (1985)

Elsbernd, A.; Glane, A.: Ich bin doch nicht aus Holz: Wie Patienten verletzende und schädigende Pflege erleben. Ullstein Mosby; Berlin, Wiesbaden (1996)

Fiedler, P.: Sexuelle Orientierung und sexuelle Abweichung. Beltz; Weinheim, Basel (2004)

Franklin, M.: Nursing Homes Forced to Report Sexual Abuse. In: Global Action on Aging. http://www.globalaging.org/elderrights/world/2006/australiaabuse.html Stand: 27.07.2006 [zuletzt besucht am: 27.10.2006]

Friedemann, M.-L.; Köhlen, Ch.: Familien- und umweltbezogene Pflege. 2. Aufl.; Hans Huber; Bern, Göttingen, Toronto, Seattle (2003)

Galtung, J.: Kulturelle Gewalt. Zur direkten und strukturellen Gewalt tritt die kulturelle Gewalt. In: Der Bürger im Staat: Aggression und Gewalt. Jg. 43, Heft 2; o. V.; o. O.; (1993) 106-112

Görgen, T.; Nägele, B.: Ältere Menschen als Opfer sexualisierter Gewalt. In: Kriminologisches Forschungsinstitut Niedersachsen e. V. (Hg.): Forschungsberichte Nr. 89; o. V.; Hannover (2003)

Görgen, T.; Newig, A.; Nägele, B.; Herbst, S.: "Jetzt bin ich so alt und das hört nicht auf" Sexuelle Viktimisierung im Alter. In: Kriminologisches Forschungsinstitut Niedersachsen e. V. (Hg.): Forschungsberichte Nr. 95; o. V.; Hannover (2005)

Gräske, J.: Gewalt und Aggression gegen Pflegekräfte: Eine Prävalenzerhebung an der Charité Berlin, Campus Benjamin Franklin. Unveröffentlichte Diplomarbeit der Alice Salomon Fachhochschule Berlin (2005)

Grond, E.: Sexualität im Alter: (K)ein Tabu in der Pflege. Brigitte Kunz; Hagen (2001)

90

Gröning, K.: Entweihung und Scham: Grenzsituationen bei der Pflege alter Menschen. Mabuse; Frankfurt am Main (1998)

Hartdegen, K.: Aggression und Gewalt in der Pflege. Gustav Fischer; Stuttgart, Jena, Lübeck, Ulm (1996)

Heim, Ch.; Wingenfeld, K.; Ehlert, U.: Zur Erfassung sexuellen Missbrauchs und daraus resultierenden psychischen Auffälligkeiten. In: Amann, G.; Wipplinger, R.: Sexueller Missbrauch: Überblick zu Forschung, Beratung und Therapie. 3. Aufl.; dgtv; Tübingen (2005) 393-416

Hein, B.: Flexible Arbeitszeiten: Teilzeitjobs für Vollzeitmütter. In: Die Schwester Der Pfleger. Jg. 45, Heft 9; Bibliomed; Melsungen (2006) 750-752

Hirsch, R. D.; Fussek, C. (Hg.): Gewalt gegen pflegebedürftige alte Menschen: Gegen das Schweigen - Berichte von Betroffenen. In: Bonner Schriftenreihe "Gewalt im Alter". Bd. 4, 3. Aufl.; o. V.; Bonn (2001)

Hofbauer, H.; Winkler, B.: Das Mitarbeitergespräch als Führungsinstrument. 3. Aufl.; Carl Hanser; München, Wien (2004)

Imbusch, P.: Macht und Herrschaft in der Diskussion. In: Imbusch, P. (Hg.): Macht und Herrschaft: Sozialwissenschaftliche Konzeptionen und Theorien. Leske und Budrich; Opladen (1998) 9-26

Johnston, W.: To the one`s left behind. In: American Journal of Nursing. Jg. 85, Heft 8; o. V.; o. O. (1985) 936

Kellnhauser, E.; Schewior-Popp, S.; Sitzmann, F.; Geißner, U.; Gümmer, M.; Ullrich, L.: Thiemes Pflege: Professionalität erleben. 10. Aufl.; Georg Thieme; Stuttgart, New York (2004) 46-54

Knobling, C.: Konfliktsituationen im Altenheim: Eine Bewährungsprobe für das Pflegepersonal. 5. Aufl.; Lambertus; Freiburg im Breisgau (1999)

Koch-Straube, U.: Fremde Welt Pflegeheim: Eine ethnologische Studie. In: Robert Bosch Stiftung (Hg.): Pflegewissenschaft. 2. Aufl.; Hans Huber; Bern (2003)

Lautmann, R.: Soziologie der Sexualität: Erotische Körper, intimes Handeln und Sexualkultur. In: Hurrelmann, K. (Hg.): Grundlagentexte Soziologie. Juventa; Weinheim, München (2002) 9-25

Menche, N. (Hg.): Pflege heute: Lehrbuch für Pflegeberufe. 3. Aufl.; Elsevier Urban & Fischer; München (2004) 4-52

Meyer, M.: Gewalt gegen alte Menschen in Pflegeeinrichtungen. Hans Huber; Bern, Göttingen, Toronto, Seattle (1998)

Möwisch, A.; Hons, C.: Der Heimvertrag. In: Faller, C.; Schlegel, T. (Hg.): Frankfurter Musterverträge. Bd. 4; MedizinRecht.de; Frankfurt am Main (2004)

Müller, L.; Petzold, H. G.; Schreiter-Gasser, U.: Supervision in der Altenarbeit, Pflege und Gerontotherapie. In: Petzold, H. G.; Müller, L.: Supervision im Feld der klinischen und sozialgerontologischen Altenarbeit. Eine explorative Multicenterstudie in der Deutschschweiz. Junfermann; Paderborn (2005) 181-214

National Center on Elder Abuse (NCEA): Clearinghouse on Abuse and Neglect of the Elderly. www.elderabusecenter.org/default.cfm?p=cane_sexualabuse.cfm
Stand: 01.01.2006 [zuletzt besucht am: 27.10.2006]

Nolting, H.-P.: Lernfall Aggression: Wie sie entsteht - wie sie zu verhindern ist. 4. Aufl.; Rowohlt Taschenbuch; Reinbek (2005)

Olbricht, I.: Wege aus der Angst - Gewalt gegen Frauen: Ursachen, Folgen, Therapie. C. H. Beck; München (2004)

Pfeifer, W. (Hg.): Etymologisches Wörterbuch des Deutschen M-Z. 2. Aufl.; Akademie; Berlin (1993) 821, 998

Pflegenetz Forum: Sexuelle Gewalt im Heim. http://www.forum.pflegenetz.net/archive/index.php?t-1560.html Stand: 13.07.2004 [zuletzt besucht am: 27.10.2006]

Pohlmann, M.: Beziehung pflegen: Eine phänomenologische Untersuchung der Beziehung zwischen Patienten und beruflich Pflegenden im Krankenhaus. In: Robert Bosch Stiftung (Hg.): Pflegewissenschaft. Hans Huber; Bern (2005) 21-42

Ramsey-Klawsnik, H.: Elder sexual abuse: Preliminary findings. In: Journal of Elder Abuse and Neglect. Jg. 3, Heft 3; o. V.; Washington (1991) 73-90

Ramsey-Klawsnik, H.: Elder sexual abuse perpetrated by residents in care settings. In: Victimization of the Elderly and Disabled: Preventing Abuse, Mistreatment and Neglect. Jg. 6, Heft 6; o. V.; Kingston (2004) 81, 93-95

Ramrath, U.: Die Kündigung von Arbeitsverträgen. In: Bundesvereinigung der Deutschen Arbeitgeberverbände (Hg.): Praxishandbuch. Bd. 9; GDA; Berlin (2006) 129-137

Rauchfleisch, U.: Allgegenwart von Gewalt. Vandenhoeck & Ruprecht; Göttingen (1992)

Ritter, J.; Gründer, K. (Hg.): Historisches Wörterbuch der Philosophie. Bd. 4; Schwabe & Co.; Basel (1976) 148-150

Ritter, J.; Gründer, K. (Hg.): Historisches Wörterbuch der Philosophie. Bd. 8; Schwabe & Co.; Basel (1992)

Robinson, V. M.: Praxishandbuch therapeutischer Humor: Grundlagen und Anwendung für Gesundheits- und Pflegeberufe. Gardemann, J. (Hg.); 2. Aufl.; Hans Huber; Bern, Göttingen, Toronto, Seattle (2002)

Ruthemann, U.: Aggression und Gewalt im Altenheim: Verständnishilfen und Lösungswege für die Praxis. Recom; Basel (1993)

Schneider, C.: Gewalt in Pflegeeinrichtungen: Erfahrungen von Pflegenden. In: Stemmer, R. (Hg.): Die Mainzer Schriften. Schlütersche; Hannover (2005)

Schnock, B.: Die Gewalt der Verachtung: Sexuelle Belästigung von Frauen am Arbeitsplatz. In: Becker, E. D.; Großmann, S.; Kleinert, S.; Sandig, B.; Smaus, G.; Spangenberg, I.; Wintermantel, M. (Hg.): Sofie - Saarländische Schriftenreihe zur Frauenforschung. Bd. 10; Röhrig; St. Ingbert (1999)

Seligmann, M. E. P.: Erlernte Hilflosigkeit. Beltz; Weinheim, Basel (1999) 42-103

Sowarka, D.; Schwichtenberg-Hilmert, B.; Thürkow, K.: Gewalt gegen ältere Menschen: Ergebnisse aus Literaturrecherchen. In: BMFSFJ/Deutsches Zentrum für Altersfragen. http://www.dza.de/download/DP_36.pdf Stand: 01.10.2002 [zuletzt besucht am 27.10.2006]

Teaster, P.; Roberto, K.: Sexual abuse of older woman living in nursing homes. In: Journal of Gerontological Social Work. Jg. 4, Heft 40; o. V.; New York (2003) 105-119

Trommer, H.: Altern - Verlust oder Gewinn von Menschenwürde? Menschenwürde im Alter: Grund- und Menschenrechte. Aus der Vortragsreihe: Menschenwürde ist unantastbar - auch im Alter? Vortrag auf dem 11. Kongress Armut und Gesundheit: Präventionsziele gegen Armut: Gesunde Lebenswelten gemeinsam gestalten. Gesundheit Berlin e.V.; Berlin; Vortrag vom 18.11.2005

Tröndle, H.; Fischer, T.: Strafgesetzbuch und Nebengesetze. In: Beck´sche Kurz-Kommentare. Bd. 10, 53. Aufl.; C. H. Beck; München (2006) 1043-1126

Tschan, W.: Missbrauchtes Vertrauen: Sexuelle Grenzverletzungen in professionellen Beziehungen, Ursachen und Folgen. 2. Aufl.; Karger; Basel, Freiburg, Paris, London, New York, Bangalore, Bangkok, Singapore, Tokyo, Sydney (2005) 163-182

Unruh, T. (Hg.): Schluss mit dem Terror gegen Alte: Fallbeispiele und Gegenaktionen. Seniorenschutzbund „Graue Panther"; Klartext; Essen (1991)

Vereinte Dienstleistungsgewerkschaft ver.di (Hg.): Das Recht der Ausbildung in der Gesundheits- und Krankenpflege 2004. o. V.; Berlin (2004)

Weber, M.: Wirtschaft und Gesellschaft: Grundriss einer verstehenden Soziologie. Zweitausendeins; Frankfurt am Main (2005)

Weis, E.: Pons: Kompaktwörterbuch für alle Fälle. Englisch-Deutsch, Deutsch-Englisch. 4. Aufl.; Ernst Klett; Stuttgart, Düsseldorf, Leipzig (2000)

Wikipedia: Die freie Enzyklopädie: Humankapital.
http://www.de.wikipedia.org/wiki/Humankapital Stand: 25.10.2006
[zuletzt besucht am: 27.10.2006]

Wyandt, M. A.: A review of elder abuse literature: An age old problem brought to light. In: Californian Journal of Health Promotion. Jg. 3, Heft 2; o. V.; Chico (2004) 40-52

Zedler, J.-H. (Hg.): Grosses Universal Lexikon aller Wissenschaften und Künste, welche bißhero durch menschlichen Verstand und Witz erfunden worden. Bd. 1; o. V.; Halle, Leipzig (1732) 498, 779

Zedler, J.-H. (Hg.): Grosses Universal Lexikon aller Wissenschaften und Künste, welche bißhero durch menschlichen Verstand und Witz erfunden worden. Bd. 10; o. V.; Halle, Leipzig (1735) 1378-1379

Zeller, A.; Needham, I.; Halfeus, R.: Effekt einer Schulung im Aggressionsmanagement. In: Gogl, A.; Schwerdt, R.; Spirig, R. (Hg.): Pflege: Die wissenschaftliche Zeitschrift für Pflegeberufe. Jg. 19, Heft 4; Hans Huber; Bern (2006) 251-258